Trumps zweite Amtszeit

Grzegorz W. Kolodko

Trumps zweite Amtszeit

Globale Machtverschiebungen, internationale Politik und eine neue Weltordnung

 Springer

Grzegorz W. Kolodko
Kozminski University
Warszawa, Poland

Dieses Buch ist eine Übersetzung des Originals in Englisch „Trump 2.0" von Grzegorz W. Kolodko, publiziert durch Springer Nature Switzerland AG im Jahr 2025. Die Übersetzung erfolgte mit Hilfe von künstlicher Intelligenz (maschinelle Übersetzung). Eine anschließende Überarbeitung im Satzbetrieb erfolgte vor allem in inhaltlicher Hinsicht, so dass sich das Buch stilistisch anders lesen wird als eine herkömmliche Übersetzung. Springer Nature arbeitet kontinuierlich an der Weiterentwicklung von Werkzeugen für die Produktion von Büchern und an den damit verbundenen Technologien zur Unterstützung der Autoren.

ISBN 978-3-032-02942-3   ISBN 978-3-032-02943-0 (eBook)
https://doi.org/10.1007/978-3-032-02943-0

Die Deutsche Nationalbibliothek verzeichnet diese Publikation in der Deutschen Nationalbibliografie; detaillierte bibliografische Daten sind im Internet über https://portal.dnb.de abrufbar.

Übersetzung der englischen Ausgabe: „Trump 2.0" von Grzegorz W. Kolodko, © The Editor(s) (if applicable) and The Author(s), under exclusive license to Springer Nature Switzerland AG 2025. Veröffentlicht durch Springer Nature Switzerland. Alle Rechte vorbehalten.

© Der/die Herausgeber bzw. der/die Autor(en), exklusiv lizenziert an Springer Nature Switzerland AG 2025

Das Werk einschließlich aller seiner Teile ist urheberrechtlich geschützt. Jede Verwertung, die nicht ausdrücklich vom Urheberrechtsgesetz zugelassen ist, bedarf der vorherigen Zustimmung des Verlags. Das gilt insbesondere für Vervielfältigungen, Bearbeitungen, Übersetzungen, Mikroverfilmungen und die Einspeicherung und Verarbeitung in elektronischen Systemen.
Die Wiedergabe von allgemein beschreibenden Bezeichnungen, Marken, Unternehmensnamen etc. in diesem Werk bedeutet nicht, dass diese frei durch jede Person benutzt werden dürfen. Die Berechtigung zur Benutzung unterliegt, auch ohne gesonderten Hinweis hierzu, den Regeln des Markenrechts. Die Rechte des/der jeweiligen Zeicheninhaber*in sind zu beachten.
Der Verlag, die Autor*innen und die Herausgeber*innen gehen davon aus, dass die Angaben und Informationen in diesem Werk zum Zeitpunkt der Veröffentlichung vollständig und korrekt sind. Weder der Verlag noch die Autor*innen oder die Herausgeber*innen übernehmen, ausdrücklich oder implizit, Gewähr für den Inhalt des Werkes, etwaige Fehler oder Äußerungen. Der Verlag bleibt im Hinblick auf geografische Zuordnungen und Gebietsbezeichnungen in veröffentlichten Karten und Institutionsadressen neutral.

Einbandabbildung: © [M] picture alliance / SIPA | ADIL BENAYACHE

Springer ist ein Imprint der eingetragenen Gesellschaft Springer Nature Switzerland AG und ist ein Teil von Springer Nature.
Die Anschrift der Gesellschaft ist: Gewerbestrasse 11, 6330 Cham, Switzerland

Wenn Sie dieses Produkt entsorgen, geben Sie das Papier bitte zum Recycling.

Für Daniel und seine Altersgenossen auf der ganzen Welt – in der Hoffnung, dass der gesunde Menschenverstand siegen wird.

Kein Mensch kann zweimal in denselben Fluss steigen, aber es ist möglich, zweimal in denselben Sumpf zu treten.

Inhaltsverzeichnis

1	Ein paar einleitende Worte	1
2	Trump 1.0	5
3	Das Elend der Trumponomics und des Trumpismus	13
4	Die Hässlichkeit des schönsten Wortes	27
5	Politischer Voluntarismus und ökonomische Gesetze	35
6	Geopolitische Neuordnung	47
7	Chinismus, MAGA und Rússkiy mir	55
8	Schädliche Politik	67
9	Effizienz und Gerechtigkeit	77
10	Sinn und Unsinn	83
11	Anflüge von gesundem Menschenverstand	89

12	Das Gebot einer neuen Entwicklungsstrategie	103
13	Wie man eine Gelegenheit verpasst	113
14	Neuer Pragmatismus	119
15	Labyrinth der Widersprüche und Konflikte	125
16	Eine Welt ohne Kriege?	137
17	Das Ende der NATO, wie wir sie kennen?	151
18	Russisch-ukrainischer Clinch	159
19	Was wird als Nächstes passieren?	173
20	Krise der Demokratie	181
Literatur		187

1

Ein paar einleitende Worte

Es ist unglaublich, wie komplex die moderne Welt geworden ist. Noch nie waren die Wirtschaften so vielfältig wie heute. In der Politik herrscht wenig Klarheit, sie vermischt sich mit den wirtschaftlichen Beziehungen, resultiert aus ihnen oder beeinflusst sie. Soziale Widersprüche aufgrund kultureller Unterschiede häufen sich. Die natürliche Umwelt ist so stark belastet wie nie zuvor. Und all das erschwert die professionelle Beobachtung und Analyse. Paradoxerweise verlieren sich die Sozialwissenschaften trotz zunehmender Kenntnisse über die Natur der laufenden Phänomene und Prozesse in ihrer Suche nach genauen Antworten und theoretischen Verallgemeinerungen, die praktisch nützlich sein könnten. Es ist eine äußerst schwierige Zeit für diese Wissenschaften.

Gleichzeitig ist es faszinierend, denn es gibt so viel zu erforschen, so viel zu bedenken. Wir verfügen über ein tiefes Verständnis davon, was vor sich geht – in Wirtschaft und Gesellschaft, in Politik und Kultur, in Ländern und auf der ganzen Welt, hier und dort – und doch haben wir mehr Zweifel, statt weniger. Obwohl wir eine Menge Antworten auf die Fragen kennen, die wir stellen, wird der Raum zwischen ihrer Quelle und dem Reservoir des Zweifels immer größer. Obwohl wir uns bewusst sind (oder zumindest glauben wir das), wie die Dinge sind und warum sie so sind, gibt es immer noch mehr, was wir nicht wissen. In der Theorie bringt fast jede Antwort sofort neue Fragen mit sich. In der Praxis hat jede Entscheidung Konsequenzen, die oft nicht mit den Absichten der Entscheidungsträger übereinstimmen, denen manchmal Wissen und manchmal Vorstellungskraft fehlt.

Es passiert, in letzter Zeit scheinbar häufiger, dass es ihnen an sozialer Verantwortung mangelt. Obwohl wir – Individuen, Gruppen, Gesellschaften, die Menschheit – angesichts der Macht des menschlichen Verstands rational handeln sollten, handeln wir allzu oft unvernünftig. Konventionelle Sichtweisen setzen sich oft gegen den gesunden Menschenverstand durch. Selbst wenn die Sozialwissenschaften die richtigen Antworten auf die grundlegenden Herausforderungen der modernen Ära kennen und die aus diesem Wissen abgeleiteten Schlussfolgerungen den Entscheidungsträgern vorschlagen, was zu tun und wie es zu tun ist, nutzt die Politik sie nicht. Weil sie es nicht kann, weil sie es nicht will. Weil es sich in dem Labyrinth von Regeln, die dort herrschen, nicht lohnt.

Kein Tag vergeht, ohne dass man auf erstaunliche Ansichten und Meinungen von Leuchtfeuern der öffentlichen Erzählung stößt, die dem gesunden Menschenverstand widersprechen. Es ist verwirrend, wie solche Ansichten vorherrschen können. Ein Mensch kann verrückt werden, aber nicht die Welt; in der Zwischenzeit stürzt die Welt in den Abgrund der Irrationalität. Das Herdenverhalten von Menschen, die von Demagogen geführt werden, von denen es in der Politik viele gibt, dominiert. In schwierigen Zeiten – und die Zeiten, die wir erlebt haben, sind genau das – wenn wir vor sich häufenden Herausforderungen stehen, tauchen Scharlatane auf, die die Massen mit ihrem Unsinn blenden. Selbst scheinbar vernünftige Menschen fallen darauf herein, denn wie kann man gegen den Strom schwimmen?

Als ich einmal in der aktiven Politik auf höchster Regierungsebene tätig war, kam ich zu dem Schluss, dass es nicht ausreicht, recht zu haben, man braucht immer noch die Mehrheit. In der Regierung, im Parlament, in der öffentlichen Meinung. Heutzutage ist es sinnvoll, diese Überlegung ständig zu bekräftigen, denn es kann nie genug Sorge um Rationalität im gesellschaftlichen Leben geben. Wenn wir zu wissen scheinen, wie die Dinge wirklich sind, ist es notwendig, unsere Beobachtungen mit der breiten Öffentlichkeit zu teilen, um nicht in der Minderheit zu bleiben. Um so viele wie möglich vor der Falschheit derer zu schützen, die glauben, sie hätten recht, während sie im Unrecht sind. Oft, weil sie von einer schlecht konzipierten politischen Korrektheit geleitet werden, während die faktische Korrektheit am wichtigsten ist. Es ist notwendig, dafür zu sorgen, bevor es zu spät ist.

Es ist nicht nur wichtig, recht zu haben – in einer Auseinandersetzung, in den vorgebrachten Argumenten, in den präsentierten Schlussfolgerungen, hinsichtlich der Wirksamkeit der vorgeschlagenen Maßnahmen –, sondern auch zur richtigen Zeit am richtigen Ort recht zu haben. Diese Beobachtung gilt sowohl für wirtschaftliche als auch für politische Überlegungen. Mit anderen Worten: Es ist gut, recht zu haben, aber das Beste ist, weder zu spät (wie im Fall derer, die nach der Veranstaltung klug sind) noch zu früh recht zu haben. Das ist der Punkt: Es ist möglich, zu früh recht zu haben, oder genauer gesagt: früher, als es von anderen geteilt und geschätzt wird. Daher werden einige der weiter vorgestellten Gedanken – von denen einige sicherlich kontrovers sein werden – nicht sofort geteilt, sondern mit der Zeit akzeptiert. Das ist das Problem eines Langstreckenläufers, der nicht nur in der Lage sein muss, mehr als einen Marathon zu laufen, sondern auch andere allmählich von der ganzen Bandbreite der eigenen Meinungen zu überzeugen.

Um Analysen, Bewertungen, Kommentare und Schlussfolgerungen wie die hier nachfolgend vorgestellten zu formulieren, reicht es nicht aus, die Fakten sorgfältig zu beobachten – einzelne Ereignisse und Prozesse, die sich über die Zeit erstrecken. Es gibt viele davon, also gibt es genug Material für Analysen. Wenn sie sich auf das Wichtige konzentrieren und wenn ihnen eine korrekte inhaltliche Interpretation folgt, dann wissen und verstehen wir ein wenig mehr. Aber das ist nicht genug. Ich hätte die Themen und die aus ihrer Erforschung resultierenden Schlussfolgerungen nicht so diskutiert, wie ich es tue, wenn ich mich nicht kontinuierlich professionell mit der Erforschung von Wirtschaft, Wirtschaftspolitik, politischer Ökonomie sowie globalen Angelegenheiten und internationalen Beziehungen beschäftigt hätte. Es lohnt sich auch, die neuesten Trends in den Bereichen der Philosophie, Anthropologie, Kulturwissenschaften, Sozialpsychologie, Soziologie, Politikwissenschaft und Ökologie. All das, weil die interessantesten Dinge an den Schnittstellen von Mensch und Gesellschaft mit Wirtschaft, Technologie, Kultur, Politik und Umwelt geschehen, während jedes dieser Felder von Wissenschaftlern verschiedener Herkunft untersucht wird. Es ist notwendig, die Dinge aus ihren verschiedenen Perspektiven zu sehen, um zu verstehen, was an diesen Schnittstellen passiert, und die Dinge interdisziplinär zu interpretieren.

2

Trump 1.0

Fachkreise sollten keinen Zweifel daran haben, dass der Neoliberalismus die Hauptursache für die globale Wirtschaftskrise von 2008 bis 2010 war. Diese Ideologie, Wirtschaftsschule und die darauf basierenden Wirtschaftspolitiken, machen sich zynisch solche großen Ideen des Liberalismus wie Freiheit, Wahlfreiheit und Demokratie, Privateigentum, Unternehmertum und Wettbewerbsfähigkeit zunutze, um die Bereicherung weniger auf Kosten der Mehrheit zu begünstigen. Diesem Zweck dient die voreingenommene Deregulierung der Wirtschaft, die die Welt der Arbeit gegenüber der Welt des Kapitals schwächt, die Finanzialisierung der Wirtschaft auf ein absurdes Niveau bringt, und die Manipulation der fiskalischen Umverteilung in einer Weise, die den reicheren Schichten der Gesellschaft zugutekommt.

Dies waren die Ziele der berüchtigten Steuerreform, die 1986 unter der Präsidentschaft von Ronald Reagan, dem 40. Präsidenten der USA, verabschiedet wurde. 1979, als er zum ersten Mal für das Weiße Haus kandidierte, betrug der durchschnittliche Stundenlohn 18,78 USD, während er 2008, als die Krise einsetzte, weniger als 18,52 USD betrug! Wohin sind die Früchte des signifikanten Wachstums der Arbeitsproduktivität und des nationalen Einkommens geflossen? Nun: Als Ergebnis

© Der/die Autor(en), exklusiv lizenziert an Springer Nature Switzerland AG 2025
G. W. Kolodko, *Trumps zweite Amtszeit*,
https://doi.org/10.1007/978-3-032-02943-0_2

neoliberaler Praktiken wurden sie von einer kleinen Elite vereinnahmt. Dies wird durch andere Fakten bestätigt; beispielsweise, dass zwischen 1970 und 2010 der Anteil der Gewinne am Bruttoinlandsprodukt der USA (BIP) um fast 10 Prozentpunkte gestiegen ist, sodass der Anteil der Löhne und Gehälter entsprechend gesunken ist – von über 53 auf unter 44 %. Während der drei Jahrzehnte, von 1979 bis zur Vorkrisenzeit 2007 stiegen die Nettoeinkommen (nach Steuern und Haushaltsübertragungen) der reichsten ein Prozent der Amerikaner um rund 280 %, während sie für die ärmsten 20 % der Bevölkerung nur um rund 20 % stiegen, was unterhalb der Schwelle der sozialen Wahrnehmbarkeit von Jahr zu Jahr liegt.

Kein Wunder also, dass die Einkommensungleichheiten in den reichen kapitalistischen Ländern am stärksten zugenommen haben, während gleichzeitig die Bereiche der sozialen Ausgrenzung erweitert wurden. Als Ergebnis wurden die Menschen zunächst wütend und gingen dann auf die Straße, besetzten auch die berühmte Wall Street. Was irritierend war, war die Gleichgültigkeit einiger politischer Eliten zusammen mit den Medien und „bekannten Ökonomen", die ihnen dienten, die versuchten, die eklatanten Einkommens- und Vermögensungleichheiten, die durch neoliberale Politiken verursacht wurden, auf objektive Prozesse – auf die moderne Phase der technologischen Revolution und Globalisierung – zu schieben. Dabei gelang es ihnen, einen Teil der Wut auf Fremde – auf ausländische Länder und Einwanderer, auf die Chinesen und Mexikaner, und anderswo auf die Muslime oder Osteuropäer – zu lenken. Sie schafften es, die Stimmung der Unzufriedenheit gegen die Globalisierung und teilweise gegen das eigene Establishment, das keineswegs schuldlos ist, zu kanalisieren. Wellen des neuen Nationalismus, der Fremdenfeindlichkeit, des Protektionismus und der Antiglobalisierungsstimmungen nahmen zu.

Daraus hätten angemessene Schlussfolgerungen gezogen werden sollen, aber leider geschah das nicht. Die Menschen waren zunehmend verärgert über das Establishment. 2017 kam der demagogische Donald Trump, der 45. US-Präsident, an die Macht und machte einen noch tiefergehenden Fehler als Reagan, da es diesmal bereits nach der schmerzhaften Lektion der Krise der vorangegangenen Jahre geschah, sodass alle im Rückblick hätten klüger sein sollten. So sollten es auch die Neoliberalen sein. Leider vermischte sich ihre typische Gier mit der Naivität, die für den Populismus typisch ist – beides vereint durch den neuen Bewohner des Weißen Hauses – und schuf einen giftigen Mix, der es ermöglichte, das spezielle Steuergesetz durch den Kongress zu bringen. Durchgebracht, weil die Republikaner durch nächtliche Abstimmungen die oppositionellen Demokraten mit nur einer Stimme besiegten, weil sie es schafften, ihre eigenen kritischen Senatoren im Austausch für partikularistische Zugeständnisse zu kaufen, weil die Abstimmung im Repräsentantenhaus wiederholt werden musste, da das Gesetz aufgrund eines Wettlaufs gegen die Zeit rechtliche Fehler enthielt.

Während die Republikaner ihre Propaganda des Erfolgs vorantrieben und der selbstgerechte Trump auf seinem Twitter-Account „Jobs, Jobs, Jobs!" schrie und schrieb: „This is truly a case where the results will speak for themselves, starting very soon" („Dies wirklich ein Fall, in dem die Ergebnisse für sich selbst sprechen werden, und das schon sehr bald"),[1] lehnten die Demokraten einstimmig die verabschiedeten Steueränderungen ab, sogar mit so drastischen Begriffen wie „Angriff" und „Betrug". Nun: vielleicht kein Angriff, denn alles war legal und die Verfassung wurde nicht verletzt, aber es scheint wie ein Betrug ...

Die Menschen spürten, was wirklich vor sich ging. Nur 27 % der Amerikaner unterstützten dieses Gesetz, während 52 % gegen die umgesetzten Maßnahmen waren. Sie können rechnen und glauben eher den pragmatischen Argumenten von parteiunabhängigen Experten als den voreingenommenen regierungsnahen Experten und Ökonomen, die von der neoliberalen Lobby korrumpiert wurden. Als Letztere eine signifikante Beschleunigung des Wirtschaftswachstums aufgrund der Senkung der Körperschaftssteuer (KSt) ankündigten, berechneten unabhängige Zentren – einschließlich staatlicher, von denen einige wirklich hervorragend sind –, dass das zusätzliche BIP-Wachstum in den folgenden Jahren vernachlässigbar sein würde. Laut einer Analyse des Congressional Research Service (CRS) könnte eine Senkung der KSt um zehn Prozentpunkte (das Gesetz reduzierte sie um 14 Punkte, von 35 auf 21 %) die langfristige Wachstumsrate lediglich um 0,15 % pro Jahr erhöhen. Was war also der Sinn des ganzen Kampfs? Es ging darum, unter dem modischen Slogan der Steuersenkung für Unternehmen andere Änderungen einzuführen, die einige wenige auf Kosten der Mehrheit bereichern würden.

Als stellvertretender Ministerpräsident und Finanzminister Polens habe ich ebenfalls radikal, aber sinnvoll Steuern gesenkt, einschließlich der KSt, zunächst von 40 %, mit denen ich die Wirtschaft nach dem berüchtigten Schock ohne Therapie vorfand, auf 32 %, und später von 28 % auf den aktuellen Satz von 19 %. Dies war jedoch begleitet von anderen fiskalischen Änderungen, die nicht nur die Kapitalbildung und Investitionen förderten, sondern auch das Anliegen für wünschenswerte Einkommensverhältnisse und die Entwicklung des Humankapitals. Das Wachstum beschleunigte sich, die Einkommensungleichheiten sanken, die öffentlichen Schulden stiegen nicht. Dies war in den USA nicht der Fall, obwohl die Senkung des sehr hohen KSt-Satzes zusammen mit der Beseitigung vieler systembeschädigender Erleichterungen ihre Vorteile hatte. Das Wachstum beschleunigte sich nicht spürbar, die Arbeitslosenquote fiel nicht spürbar, während die Ungleichheiten sich verschlimmerten und die Schulden stiegen. Was verwirrend ist, ist das Ausmaß der Gleichgültigkeit der Autoren und Unterstützer der Steuerreform, mit der sie den unvermeidlichen Anstieg des Haushaltsdefizits und den daraus resultierenden Aufbau der bereits enormen öffentlichen Schulden in Kauf genommen haben. Mit Ausnahme der Verteidiger des Pakets bestand im Grunde ein Konsens, dass in den nächsten zehn Jahren die Staatsschulden um bis zu 1,5 Billionen USD ansteigen könnten, obwohl sie bereits zu Beginn von Trumps 1.0-Amtszeit, im ersten Quartal 2017, bei 102,9 % des BIP lagen. Als diese Amtszeit endete, hatte sie bereits 124 % des BIP überschritten.[2]

Das Fiskalpaket wurde so strukturiert, dass in den Folgejahren eine große Mehrheit der Steuerzahler, einschließlich der weniger wohlhabenden Schichten, von Steuersenkungen und Erleichterungen profitieren sollten. Die Reduzierungen sollten 2025 verschwinden, was bereits eingetreten ist – mit Trump 2.0 – und es sind nun die Ärmeren, die für die nicht abgelaufenen Reduzierungen für die Reichen aufkommen werden. Insgesamt wird erwartet, dass die höheren Steuern, die in den Jahren 2026 bis 2027 zu zahlen sind, die Vorteile von 2018 bis 2025 neutralisieren. Als Ergebnis werden nach 2025 bis zu 53 % der Steuerzahler mehr an die IRS zahlen, und das werden Haushalte aus den unteren Steuerklassen sein.

Unparteiische Analysten (es gibt einige) haben berechnet, dass die größten Nutznießer der Reform die Wohlhabendsten sein werden – reiche multinationale Unternehmen und Eigentümer von Gewerbeimmobilien. Sie müssen wirklich mutig sein, Steuerlösungen durchzusetzen, die die Steuern für die ärmsten 20 % der Bevölkerung überhaupt nicht senken, nach dem, was in den vorangegangenen vier Jahrzehnten passiert ist. Aufbauend auf den Ideen von Trump 1.0 wurde geschätzt, dass der Nutzen bis 2027 pro Person in dieser Quintilgruppe 10 USD betragen würde, und für ein Tausendstel der Wohlhabendsten wäre es so viel wie 278.000 USD.

Die vier Jahre von 2017 bis 2021 vergingen schnell und, obwohl eine Reihe von Unterstützern des Initiators dieser Steueränderungen den Kongress angriffen, musste er das Weiße Haus verlassen. Leider haben die Politiken seines Nachfolgers, des 46. Präsidenten, Joe Biden, die Situation nicht ausreichend verbessert, sodass auf eine Weise, die 2021 schwer vorstellbar war, vier Jahre später, 2025, Trump 2.0 kam. Dieses Mal wird er viel mehr Schaden anrichten. Es wird ihm viel leichter fallen wegen der Machtkonzentratin in Washington – einer politischen Anordnung, bei der eine Partei die Exekutivgewalt innehat und beide Kammern der Legislative kontrolliert: Präsident Donald Trump im Weißen Haus und Republikaner mit einer Mehrheit sowohl im Senat als auch im Repräsentantenhaus. Ein derartiges Arrangement erleichtert das Handeln. Nur einen Monat und eine Woche, nachdem Trump wieder ins Weiße Haus eingezogen war, verabschiedete das Repräsentantenhaus einen von ihm inspirierten und unterstützten Haushaltsentwurf für 2025, der Vorschläge für Steuersenkungen in Höhe von 4,5 Billionen USD (wir wissen, wem sie hauptsächlich zugutekommen) und Kürzungen von 2 Billionen USD bei den Ausgaben (wir wissen, an wen sie hauptsächlich gerichtet sind) enthält. Die meisten Ökonomen sind sich einig, dass dies das Defizit weiter erhöhen wird, das 2024 bereits bei 6,6 % des BIP lag. Wir werden sehen, wie es weitergeht, wenn weitere Ausgabenkürzungen durchgesetzt werden. In normalen Zeiten erfordert eine vernünftige Politik, die die Einnahmen- und Ausgabenseite der öffentlichen Finanzen ausgleicht, eine symmetrische Reduzierung von Steuern und Ausgaben, aber dies sind weder normale Zeiten noch ist dies eine normale Politik.

Zu Beginn von Trumps zweiter Amtszeit gelang es ihm, ein Finanzgesetz mit dem kühnen Namen „One Big Beautiful Bill" durch den Kongress zu bringen. Dies war möglich, weil der Senat gleichmäßig gespalten war und Vizepräsident J. D. Vance das Zünglein an der Waage spielen musste. Mit „Schönheit" hat dieses Gesetz jedoch wenig zu tun – es vertieft die Spaltungen in der amerikanischen Gesellschaft und treibt das Land weiter in die Verschuldung. Dennoch unterzeichnete Trump 2.0 das Gesetz mit seinem gewohnten Stolz – und das zu einem symbolträchtigen Zeitpunkt: dem Unabhängigkeitstag am 4. Juli 2025.

Trump wurde erneut Präsident, weil er die Unzufriedenheit mit dem Status quo brillant ausnutzte, die ihre Ursachen hatte. Die wirklichen Ursachen lagen vor allem in der jahrelang andauernden neokonservativen Wirtschaftspolitik unter mehreren Präsidenten, ihn selbst eingeschlossen. Aber es ging nicht um die wirklichen Ursachen, auf die sich die Kundgebungen konzentrierten. Trump nutzte die öffentliche Verbitterung geschickt aus, nicht weil er ein tiefes Verständnis für ihre Quellen hatte – keineswegs – sondern weil er die Stimmungen verschiedener sozialer und beruflicher Gruppen genau spürte. Er erzählte den Menschen mühelos, dass viele der Probleme von Einwanderern und seinen politischen demokratischen Gegnern im In- und Ausland außerhalb Israels verursacht wurden, im Grunde genommen von allen.

Social Engineering und Demagogie, der geschickte Einsatz von billigen Worten, die die Unzufriedenen hören wollten, und Versprechen, denen die Frustrierten naiv Glauben schenkten, reichten aus. Ganz schön viele Menschen unterstützen Politiker, die Lügen predigen, nicht weil sie ihren Lügen vertrauen, sondern weil sie sie als Unterstützung der politischen Ziele wahrnehmen, an die sie glauben. Das ist der Ursprung der moralischen Flexibilität, die zur Wirksamkeit politischer Desinformation führen kann. Das ist es, worauf Populisten abzielen. Folglich haben die meisten Wähler enormes Vertrauen in einen Kandidaten, der sich leicht im öffentlichen Raum bewegt. Sie werden das mit großer Enttäuschung bezahlen, wenn sie im Zuge sich ändernder Realitäten von einem echten Präsidenten betroffen sein werden, der nicht mehr ein telegener Blender ist.

Notes

1. „Trump to tax critics: ‚The results will speak for themselves'", „Politico", 20. Dezember 2017 (https://www.politico.eu/article/trump-to-tax-critics-the-results-will-speak-for-themselves/; Zugriff am 24.02.2025).
2. „Federal Debt: Total Public Debt as Percent of Gross Domestic Product", Federal Reserve Bank of St. Louis (https://fred.stlouisfed.org/series/gfdegdq188S; Zugriff am 16.02.2025).

3

Das Elend der Trumponomics und des Trumpismus

Nun haben wir eine Ära erlebt, in der der Präsident der Vereinigten Staaten, des mächtigsten Landes der Welt, „eine Revolution des gesunden Menschenverstandes" verkündet und eine Reihe von unsinnigen Entscheidungen trifft. Ihre negativen Folgen wird nicht nur die Gesellschaft dort erleiden. Es gilt für den wirtschaftlichen Merkantilismus und die protektionistischen Praktiken, die das Wirtschaftswachstum schädigen, und vor allem für Maßnahmen, die die Erwärmung des Klimas fördern, anstelle von Maßnahmen, die dazu beitragen, den Umfang dieses katastrophalen Prozesses zu begrenzen. Wie kann man eine „Revolution des gesunden Menschenverstandes" predigen, während man in Wirklichkeit das Gegenteil fördert? Wie sich herausstellt, ist es leider möglich …

Präsident Trump hat viele falsche oder geradezu verrückte Ideen zu nicht wirtschaftlichen Themen – angefangen von Massenabschiebungen über die Beseitigung von Lösungen, die Beschäftigung von atypischen Menschen unterstützen, bis hin zur Reduzierung des zuvor garantierten Zugangs zu einigen öffentlichen Dienstleistungen. Einige dieser Absichten, wie die Infragestellung des Staatsbürgerschaftsrechts von in den Vereinigten Staaten geborenen Kindern, verstoßen eindeutig gegen die Verfassung. Andere, wie die Zustimmung zur Ölförderung in der Arktis, die bislang noch nicht von den Auswirkungen menschlicher Gier betroffen ist, stehen im Widerspruch zur dringenden Notwendigkeit, die Umwelt zu schützen. Noch andere, wie der gesetzgeberische Schlag gegen die LGTB+-Community, sind diskriminierend und wenden sich gegen eine angemessene Behandlung von Menschen aus dieser Gruppe, wie sie die Ergebnisse der Forschung zur psychosexuellen Identität empfehlen.

Die USA sind ein Rechtsstaat; ein Staat, der verfassungsmäßig die Willkür des Bewohners des Weißen Hauses einschränkt; ein Föderalstaat, in dem viele Entscheidungen, die unter bestimmten Bedingungen in Washington getroffen werden, erfolgreich von den staatlichen Behörden angefochten werden können. Das amerikanische System zeichnet sich durch ausgeklügelte Checks and Balances aus, die das Ermessen des Präsidenten einschränken. Präsident Trump mag das nicht, daher hält sein Angriff auf dieses System an. Er trifft gerne Entscheidungen von schwerwiegenden nationalen und internationalen Konsequenzen, ohne Rücksicht auf den demokratisch gewählten Kongress, und unterzeichnet eine Reihe von Dekreten ungeachtet der Einwände, die aus dem Senat und dem Repräsentantenhaus kommen. Laut einigen US-Rechtsexperten können von den 73 in seinem ersten Amtsmonat unterzeichneten Exekutivmaßnahmen mindestens einige für verfassungswidrig erklärt werden. Es ist nur ein schwacher Trost, dass einige der chaotischen Ideen, die aus der US-Hauptstadt kommen, auf Widerstand von den staatlichen Behörden stoßen und von ihnen blockiert werden können. Unabhängige Gerichte können auch bestimmte präsidiale Erlasse aussetzen oder in Frage stellen. Aber Trump sagt, er hoffe, dass das Justizsystem ihm erlauben werde, das zu tun, was er glaubt, tun zu müssen, und wenn es das nicht tue, dann würden sie „have to look at the judges" („die Richter in Augenschein nehmen müssen").[1] Als die ersten Fälle auftraten, in denen präsidiale Erlasse durch autorisierte Richter blockiert wurden, erklärte die Sprecherin des Weißen Hauses, dass „diese Richter eher als aktivistische Richter handeln als als unparteiische Hüter des Rechts" und dass „die eigentliche verfassungsrechtliche Krise innerhalb unserer Justiz stattfindet".[2] Das lässt nichts Gutes ahnen.

Trump setzt seine Ellenbogen ein, um noch mehr Macht zu erlangen, als er bereits hat. Seine fast diktatorischen Neigungen sind leicht zu erkennen. Man kann all dies nicht mit einem Schulterzucken abtun, denn

3 Das Elend der Trumponomics und des Trumpismus

es ist nicht nur ein amerikanisches Phänomen. Das Problem ist, dass die verschiedenen Launen und die Tatsache, dass sie vom Weißen Haus vorangetrieben werden, Massen von Menschen außerhalb der USA schaden. Alle Nationen müssen respektiert werden, auch wenn man sich vielleicht nicht besonders für das interessiert, was in, sagen wir, Paraguay oder Gambia, in Montenegro oder Laos passiert, denn was in den USA passiert, kann Auswirkungen auf jeden haben. Noch beunruhigender sind die autokratischen Bestrebungen von Trump, der seine Präsidentschaft, ohne jegliche Selbstkritik und tiefergehende Reflexion über die enorme Verantwortung, die ein Staatsoberhaupt hat, allmächtig machen will. „Dieser Kampf geht um den grundlegenden Charakter Amerikas. Der Präsident sagt, er beseitige Verschwendung, Betrug und Missbrauch aus der Bürokratie, aber seine Gegner warnen, er zerstöre die Bundesregierung. Er sagt, er bringe Frieden in die Welt und Wohlstand im Inland; sie warnen, er zerbreche die Allianzen, die den Westen stark halten. Er sagt, er mache Amerika wieder groß; sie warnen, er zerre das Land in eine Verfassungskrise oder sogar in eine Trump'sche Autokratie".[3] Er ist bereits mächtig, aber er will der Mächtigste sein. Er muss kein Zepter halten – ein Golfschläger reicht – aber er will eine Krone. Wie ein Kaiser. Nicht überraschend berief er sich auf Napoleon und erklärte: „He who saves his Country does not violate any Law." („Er, der sein Land rettet, verletzt kein Gesetz").[4]

Präsident Trumps Syndrom besteht darin, dass einige seiner Entscheidungen, obwohl sie lächerlich erscheinen, trotzdem reale und ernste Auswirkungen haben. Daher können die dummen Dinge, die er sagt und tut, nicht ignoriert werden. Er kann das Gesetz der Schwerkraft nicht außer Kraft setzen, aber er kann gegen die Gesetze der Wirtschaft vorgehen. Obwohl es nur ein Ereignis im langen Verlauf der Zeit ist, muss die Wirtschaft sich mit seinen Ideen und Handlungen auseinandersetzen, vor allem um aufzuzeigen, wie sinnlos viele von ihnen sind. Die Wirtschaft soll beobachten, analysieren und erklären, was im sozioökonomischen Raum vor sich geht und warum, und derzeit passiert viel. Die Tatsache, dass es unkonventionell ist, macht es umso notwendiger, Stellung zu beziehen, da das traditionelle ökonomische Denken – das sich auf objektiv geltende Gesetze der Rationalität in der Wirtschaft konzentriert – möglicherweise nicht ausreicht.

Um zu erkennen, wie schädlich Trumponomics und Trumpismus sind und welche Gefahren diese sozioökonomischen und ideologisch-politischen Konzepte für die Welt darstellen, kann man sich nicht mit der allgemeinen Aussage begnügen, dass sie einfach unlogisch sind und tatsächlich den gesunden Menschenverstand leugnen. Denn die intellektuelle Mittelmäßigkeit und moralische Oberflächlichkeit vieler von ihnen schließt nicht die Möglichkeit aus, die auf ihnen basierenden Lösungen in die Praxis umzusetzen.

Es gibt sogar Meinungen, dass einige der Vorschläge und Entscheidungen der neuen Washingtoner Regierung faschistischen Abweichungen nahekommen. Vielleicht ist dies der Fall bei dem Präsidentenerlass zur Erweiterung eines (Konzentrations?-)Lagers auf einer US-Marinebasis in Kuba, um dort 30.000 der „worst criminal illegal aliens" („schlimmsten kriminellen, illegalen Ausländer")[5] unterzubringen. Mindestens so viele Menschen beabsichtigen sie dorthin zu schicken. Es ist nicht bekannt, für wie lange, aber es ist bekannt, dass die Unterbringungsbedingungen dort anders sind als in den umliegenden Karibikresorts. Das Guantanamo-Lager ist ein Internierungslager, das kurz nach dem Anschlag auf das World Trade Center in New York am 11. September 2001 eröffnet wurde. Durch dieses Lager sind mehrere hundert Menschen gegangen, die des Terrorismus beschuldigt wurden. Noch Anfang 2025 wurden dort fünfzehn Menschen ohne Prozess festgehalten. Einige frühere Präsidenten beabsichtigten, dieses Gefängnis zu schließen, erfolglos. Statt dies endlich zu tun, will der 47. Präsident es erweitern und – ebenfalls ohne Prozess – Tausende von illegalen Einwanderern, nicht Terroristen, inhaftieren.

Die Entlassung von Personen, die zuvor im Rahmen der Personalpolitik für Vielfalt, Gleichheit und Inklusion (diversity, equity, inclusion, DEI) beschäftigt waren, mag verfassungswidrig sein, wird aber auf der Grundlage eines „historischen", wie in der Ankündigung des Weißen Hauses angegeben, Dekrets[6] durchgeführt. Das daraus resultierende Verfahren soll Diskriminierung beseitigen und Gleichheit fördern, obwohl es von den Demokraten zu denselben Zwecken im Anschluss an die Initiativen der 35. und 36. Präsidenten – John F. Kennedy (1961–1963) und Lyndon B. Johnson (1963–1969) – eingeführt wurde. Die DEI-Politik soll – solange sie nicht übertrieben wird – der Toleranz und fairen

3 Das Elend der Trumponomics und des Trumpismus

Behandlung von Bevölkerungsgruppen dienen, die manchmal unterrepräsentiert oder sogar aufgrund von ethnischer Herkunft, Rasse, sozialen Klasse, Behinderung, Religion, Kultur, biologischem oder sozialem Geschlecht oder sexueller Orientierung diskriminiert werden.

Trotzdem kann Trump Empathie zeigen und gastfreundlich sein. Für wenige Auserwählte, auf mikroskopischer Ebene. So bot er, während er Sanktionen gegen Südafrika wegen „the violation of rights" („Verletzung der Rechte")[7] durch seine Regierung gegen einige weiße Bürger verhängte, diesen weißen Bürgern Flüchtlingsstatus an und schlug eine Umsiedlung in die USA vor. Das Angebot richtete sich an Afrikaner, die von der Änderung des Grundbesitzgesetzes betroffen waren. Das vom südafrikanischen Präsidenten Cyril Ramaphosa – im öffentlichen Interesse, laut Pretoria – unterzeichnete Gesetz soll als Mittel zur Beseitigung riesiger Ungleichheiten im landwirtschaftlichen Grundbesitz dienen, indem es die Enteignung erleichtert. Mehr als drei Viertel von Südafrikas Fläche wird von der weißen Minderheit gehalten, die nur 7,2 % der Bevölkerung ausmacht. Interessanterweise haben die Vertreter der weißen Minderheit das Gesetz als verfassungswidrig angefochten, gleichzeitig aber Trump für sein ursprüngliches Angebot gedankt, die Einladung zur Auswanderung abgelehnt und die Einstellung aller US-Hilfen und finanziellen Unterstützung für Südafrika kritisiert.

Angesichts dieser Spannungen in den gegenseitigen Beziehungen beschloss die USA, ein Treffen der Außenminister der G20 zu boykottieren, die die 20 größten Volkswirtschaften zusammenbringt. Genauer gesagt, handelt es sich um 27 Volkswirtschaften, die die Europäische Union und die 19 größten Volkswirtschaften der Welt (einschließlich Deutschland, Frankreich und Italien, die Mitglieder der EU sind) bilden, aber nicht genau die größten, da Polen in Bezug auf das BIP Argentinien übertrifft, das zu einem Zeitpunkt unter amerikanischem Druck eingeladen wurde. Darüber hinaus wird die Afrikanische Union eingeladen, sich an der Arbeit der Gruppe zu beteiligen. Insgesamt umfasst der gesamte Komplex zwei Drittel der Weltbevölkerung und macht mehr als 80 % des weltweiten Bruttoinlandsprodukts aus. Nun versuchen die USA, politische Rache an der Republik Südafrika zu nehmen, die während ihrer jährlich rotierenden Präsidentschaft der G20 vorgeschlagen hat, die Aufmerksamkeit auf Fragen der globalen Ungleichheit, des Klimawandels und der Verschuldung der ärmsten Länder zu lenken. Dies passt den USA natürlich nicht, daher ignorierte ihr Außenminister Marco Rubio das Treffen, da dies „sehr schlechte" Ziele seien. Dies muss den Ruf der USA in der übrigen Welt schädigen.

Trumponomics ist eine Wirtschaft der Absurditäten, die

- Wirkungen mit Ursachen verwechselt,
- das Wesen der Ursache-Wirkungs-Beziehungen und Rückkopplungen nicht erfasst, die objektiv in wirtschaftlichen Beziehungen sowohl national als auch international vorhanden sind,
- die aufgelaufenen Kosten nicht korrekt berechnet und
- die realen Auswirkungen der in Gang gesetzten wirtschaftlichen Prozesse in den Bereichen Investition, Produktion, Handel, Verteilung und Steuern nicht richtig einschätzt.

Es ist erstaunlich, dass ein solcher Unsinn in einem Land produziert werden konnte, das einige der weltweit führenden Köpfe im Bereich der Wirtschaftstheorie vorweisen kann.

Trumpismus ist eine ideologische und politische Quasi-Formation, die einerseits an die Allmacht der Vereinigten Staaten glaubt und ihre unbestrittene Überlegenheit in allen Belangen gegenüber anderen Regimen annimmt und andererseits sich das Recht zuschreibt, Gewalt zur Erreichung ihrer eigenen egoistischen Ziele einzusetzen, ohne auf die Kosten des US-Expansionismus zu achten, die von anderen getragen werden. Es ist erstaunlich, wie sorglos dieser wahnsinnige Trend sich von dem distanziert, was zuvor als universelle Werte und Prinzipien propagiert wurde, auf denen die Weltordnung basieren sollte; die berühmte regelbasierte Ordnung.

Ein gemeinsames Merkmal von Trumponomics und Trumpismus ist die Beherrschung des populistischen Neusprech, der bereits aus früheren Zeiten und anderen Orten bekannt ist und Fakten durch wiederholte Slogans ersetzt. Denn Fakten stehen der Politik, oder genauer gesagt dem Politisieren, im Weg. Es war der britische Premierminister Harold Macmillan (er amtierte von 1957 bis 1963), der als Urheber der treffenden Beobachtung gilt, dass Politik eine angenehme Angelegenheit wäre, wenn da nicht die Fakten wären. Propagandisten des Populismus sind über-

3 Das Elend der Trumponomics und des Trumpismus 19

zeugt, dass selbst völliger Unsinn, wenn er aggressiv genug wiederholt wird, in mehr als ein paar Köpfe gelangen kann. Ein eindrucksvolles Beispiel für solches Social Engineering ist es, gegenüber der amerikanischen Öffentlichkeit zu behaupten, dass die Begnadigung von 1500 Teilnehmern am Angriff auf das Kapitol am 6. Januar 2021 – zu dem Donald Trump nach seiner Niederlage bei der vorherigen Wahl gegen Joe Biden gedrängt hatte – die Freilassung der „Geiseln" sei! In Polen wäre ein Beispiel für einen ähnlichen Neusprech der Unsinn über einen „Staatsstreich" im Februar 2025.

Nun, nach „four long, dark years" („vier langen, dunklen Jahren") des vorherigen US-Präsidenten, soll laut den Vorstellungen des größenwahnsinnigen Anführers im Oval Office und seinen Handlangern eine neue Weltordnung geschaffen werden, in der die USA – natürlich wieder an erster Stelle und großartig gemäß den Rufen von *America First!* und *Make America Great Again!* (MAGA) – nach Belieben herumkommandieren werden. Die Präsidentschaft von Trump 2.0 zerstört die Illusionen derjenigen, die sie noch hatten, und zeigt, dass die Vereinigten Staaten vor allem von egoistischen Motiven angetrieben werden und dass sie ihre politische und wirtschaftliche Macht und, wenn nötig, militärische Macht einsetzen werden, um ihre Ziele zu erreichen, aber sicherlich nicht ihre moralische Macht, die sie dadurch verlieren.

Ein kleiner Bruchteil dessen, wozu der Trumpismus auf der internationalen politischen Bühne fähig ist, wurde Mitte Februar 2025 auf der Münchner Sicherheitskonferenz von seinen drei Cowboys demonstriert. Vizepräsident J. D. Vance warnte die Gruppe der dort versammelten prominenten Politiker: „There is a new sheriff in town." („Es gibt einen neuen Sheriff in der Stadt.") Zwar nur in Washington, aber wie es einem Weltpolizisten gebührt, sollten andere nicht denken, dass sie seiner gründlichen Aufsicht entkommen können. Nun: Die Staaten, die im Namen „Vereinigt" sind, werden von einigen eher mit dem Wilden Westen als mit einem hochklassigen, vernünftig institutionalisierten Staat in Verbindung gebracht.

Viel Verwirrung verursachten unter den Präsidenten der Länder, den Regierungschefs, den Außen- und Verteidigungsministern, die München besuchten, die unkonventionellen und überraschenden Aussagen des neuen US-Verteidigungsministers Pete Hegseth. Anstatt sich beruhigter und sicherer zu fühlen, fühlten sich die Konferenzteilnehmer unsicherer und noch ängstlicher als zuvor. Sie mussten sich das Geschwafel eines stellvertretenden Sheriffs über Demokratie und Meinungsfreiheit anhören und wurden beraten, sich nicht allzu sehr über die Handlungen eines weiteren Partners des Sheriffs zu sorgen: „Wenn die amerikanische Demokratie zehn Jahre lang die Standpauken von Greta Thunberg überleben kann, könnt ihr Jungs ein paar Monate Elon Musk überleben".[8] Das Problem ist, dass die mutige Schwedin im Allgemeinen mit ihren Protesten gegen Politiker, die den Klimawandel nicht effektiv verhindern, recht hatte, im Gegensatz zur reichsten Person der Welt, die oft falsch liegt.

Entgegen den Erwartungen des Publikums sagte J. D. Vance in seiner feurigen Rede (die er übrigens von einem Teleprompter ablas, wie es amerikanische Präsidenten zu tun pflegen) im Grunde nichts über Sicherheit (auf einer Sicherheitskonferenz!). Stattdessen griff er Europa an und behauptete, dass dessen größte Bedrohungen – seiner Meinung nach neben Massenmigration, politischer Repression (?) und Einschränkungen der Meinungsfreiheit (?) – intern und nicht extern seien. In diesem Urteil liegt er weit daneben. Doch er liegt genauer, wenn er andeutet, dass die größte Bedrohung, mit der Europa derzeit konfrontiert ist, nicht aus dem Osten kommt, wie Russophobe und Sinoskeptiker propagieren. Die Vereinigten Staaten werden zu einer solchen Bedrohung – was natürlich weder der Sheriff noch seine Truppe begreifen –, die von der sich ausbreitenden Flut des Trumpismus beherrscht wird und die europäische politische Gemeinschaft und wirtschaftliche Integration destabilisiert. So wie Europa, insbesondere der zentrale und östliche Teil davon, einst zwischen Hammer und Sichel stand, steht es nun zwischen dem Hammer des Putinismus, vor dem wir übertrieben Angst haben,[9] und dem Amboss des Trumpismus, der das Eisen schmiedet, solange es heiß ist – solange Europa sich nicht klar entscheiden kann, wohin und wie es gehen soll. Sicherlich nicht zum Ersteren und hoffentlich nicht zum Letzteren. In der Zwischenzeit passierte es, dass – als ob man sich über Polens besondere geopolitische Position lustig machen würde – zuerst eine russische Rakete in einem Wald und dann einige Überreste einer amerikanischen in einer Stadt landeten. Diese Begleiterscheinungen mögen nicht

3 Das Elend der Trumponomics und des Trumpismus

von Bedeutung sein, aber was beunruhigend ist, ist der ständige intellektuelle Müll, der uns überflutet.

Dieser Vize-Sheriff aus Washington D.C. übertraf sich selbst, als er Alice Weidel, die Vorsitzende der rechtsextremen Alternative für Deutschland (AfD), traf, während er neun Tage vor der Bundestagswahl in Deutschland war und dabei den damaligen Bundeskanzler Olaf Scholz ignorierte. Einigen Leuten dürfte ein Schauer über den Rücken gelaufen sein, als sie die Rufe „Alice für Deutschland!" hörten – eine provokative Anspielung auf „Alles für Deutschland'!", den verbotenen Slogan der SA, einer paramilitärischen Einheit der NSDAP. Besonders auf den Straßen von München ...

Eine Volksweisheit sagt: „Wo Schatten ist, da ist auch Licht." Dann wird uns der Trumpismus vielleicht doch etwas Gutes bringen? Es wird definitiv mehr Verluste als Gewinne aus dem geben, was er tut, aber vielleicht gibt es auch positive Nebeneffekte des Trumpismus? Ja, die gibt es. Er weckt diejenigen aus ihrer Lethargie, die bisher nicht ausreichend kritisch gegenüber der Realität um uns herum waren – sowohl in Amerika als auch international. Viele Menschen hier und dort haben gesagt, dass es so nicht weitergehen kann – in Bezug auf Wirtschaft, soziale Beziehungen, Umwelt, Politik –, während die Ursachen der ungünstigen Phänomene nicht beseitigt wurden, die fehlerhaften Mechanismen der laufenden Prozesse nicht korrigiert wurden. In vielerlei Hinsicht entfernte sich die Welt von den Idealen, die sie proklamierte, anstatt sich ihnen zu nähern. Und jetzt ist die Chance, nüchtern zu werden und zu erkennen, dass die Dinge wirklich nicht so sein können, wie sie früher waren.

Sie sollten jedoch sicherlich nicht so sein, wie es der Trumpismus vorschlägt, denn das ist nicht nüchtern, sondern betäubend. Es ist nötig, einen Ausweg aus den Problemen zu suchen, die der neoliberale Kapitalismus, fehlgeleiteter staatlicher Interventionismus, Nachteile neuer Technologien, nicht inklusive Globalisierung, Überbevölkerung an einigen Orten und Bevölkerungsmangel an anderen, Überschüsse an Kapital in bestimmten Bereichen und Mangel an Kapital in anderen mit sich bringen. Der Mangel an Vorschlägen für gute Praktiken in diesen Bereichen hat den Populismus und neuen Nationalismus eskaliert, dessen Höhepunkt – bisher – Trump ist. Er kam und stellte die Dinge auf den

Kopf. Es hat keinen Sinn zu versuchen, sie wieder in Ordnung zu bringen. Bei der Bekämpfung der Pathologien der Trumponomics und des Trumpismus kann man nicht zu den bekannten Mustern zurückkehren, die getestet wurden, sich aber als ineffektiv erwiesen haben. Neue Wege müssen gesucht werden; das Einzige, was bleibt, ist vorwärtszulaufen. Aber um das zu tun, muss man genau wissen, wohin man gehen will.

In der Zwischenzeit besteht die Gefahr, dass sich die kranken Ideen ausbreiten, die von jenseits des Atlantiks kommen, obwohl einige ihrer Symptome außerhalb der USA früher auftraten, bevor der eingebildete Trump zur globalen Nummer eins wurde. Diese Konzepte verdienen es absolut nicht, mit den großen soziopolitischen und wirtschaftlichen Theorien verglichen zu werden, die einen bedeutenden Einfluss auf den Verlauf der Geschichte hatten, aber es steckt mehr hinter dieser Geschichte. Einmal, vor langer Zeit, im Jahr 1888, als die Ideologie des Sozialismus an Fahrt gewann, popularisierte der britische Politiker William Vernon Harcourt den Satz „Wir sind jetzt alle Sozialisten". Drei Generationen später, in den 1960er-Jahren, verwendete der amerikanische Ökonom Milton Friedman den Satz „Wir sind jetzt alle Keynesianer". Dabei war er selbst ein Kritiker der damals populären Theorie von John Maynard Keynes, die eine aktive staatliche Beteiligung an der Wirtschaftspolitik vorschlug, einschließlich, in bestimmten Situationen, der Finanzierung der wirtschaftlichen Expansion aus Haushaltsdefiziten und Staatsschulden. Der Ausdruck „Wir sind jetzt alle Keynesianer" wurde vom 37. Präsidenten, Richard Nixon, popularisiert, der die Keynesianische Theorie nicht unbedingt verstand, aber die Politik seiner Administration basierte auf einigen ihrer Gedankengänge.

Derzeit – Schrecken der Schrecken! – sind noch nicht alle, aber immer mehr Menschen zu Trumpisten geworden. Einer der Kommentatoren, der sich auf die öffentliche Diskussion und die Aussagen führender polnischer Politiker bezieht, kommt zu dem Schluss, dass die „Trumpisierung der Bürgerkoalition und ihres Präsidentschaftskandidaten auf ihrem Höhepunkt ist" (d. h. auf ihrem Tiefpunkt). „… Heute würde die Partei von Donald Tusk, wie die Partei von Jarosław Kaczyński, am liebsten Einwanderer hinter den Grenzbarrikaden sehen. Und diejenigen, die bereits angekommen sind, werden abgeschoben – wenn sie in Konflikt mit dem Gesetz geraten sind [und das sind sie, wenn sie illegal eingereist sind]. Unbemerkt beginnen wir alle, eine Sprache zu sprechen, die bis vor kurzem Parteien vorbehalten war, die als rechtsextrem und migrationsfeindlich beschrieben wurden. Aber heute nennen wir so etwas gesunden Menschenverstand. Ähnlich ist es bei Umweltaktionen. Der gleiche Rafał Trzaskowski sagt, dass der Green Deal nicht die hellste Idee war, denn Klima ist Klima – aber dass es schädlich ist, die Wettbewerbsfähigkeit der europäischen Wirtschaft zu untergraben. Noch einmal: Vor zwei oder drei Jahren war eine solche Sprache Populisten und Radikalen vorbehalten. Heute – ist es gesunder Menschenverstand."[10]

Der einzige Trost ist, dass nicht jeder so denkt, und es besteht Hoffnung, dass diejenigen, die dazu neigen, in der Minderheit sein werden. Das Aufsaugen von trumpistischer Paranoia hat seine Grenzen, darf aber nicht ignoriert werden. Bei einer Kundgebung in Madrid im Februar 2025 unter dem Motto *Make Europe Great Again!* forderten die Führer der wichtigsten nationalkonservativen Parteien aus Frankreich, Spanien, den Niederlanden und Italien die Europäische Union auf, einige von Donald Trumps Politiken in Amerika nachzuahmen, während der ungarische Ministerpräsident Viktor Orban erklärte: „Gestern waren wir die Ketzer, heute sind wir der Mainstream."[11]

Es muss beunruhigend sein, dass eine zunehmende Anzahl von Menschen den wissenschaftlich bewiesenen Tatsachen keinen Glauben schenkt, dass die wirtschaftliche menschliche Aktivität, die auf der Energieerzeugung durch Verbrennung fossiler Brennstoffe basiert, die Hauptursache für die globale Erwärmung ist. Die Argumente einiger Politiker, insbesondere das unprofessionelle Narrativ, das in den sozialen Medien große Wellen schlägt, tragen zu einem Anstieg des Skeptizismus sogar unter der jüngeren Generation bei, die von Natur langfristige Risiken ernst nimmt. In Polen hat sich die Anzahl der Leugner im Alter von 18 bis 29 Jahren, die die globale Erwärmung in Frage stellen, in den letzten zwei Jahren fast vervierfacht, von fünf auf 19 %. Die Trumpisten sind darüber sicherlich glücklich und ihr Guru, wenn er es nur wüsste, wäre sehr erfreut.

Ketzer werden nicht auf dem Scheiterhaufen verbrannt – diese Zeit ist vorbei – also können sie sich zufrieden fühlen, aber ich bin überzeugt, dass Trumponomics und Trumpismus, die im Wesentlichen Verleugnungen der Demokratie und des freien Marktes sind, früher oder später dort enden werden, wo sie hingehören: auf dem Müllhaufen der Geschichte. So wie es in der Vergangenheit mit verschiedenen Fixierungen passiert ist, die versuchten, das Rad des zivilisatorischen Fortschritts aufzuhalten.[12] Bevor das passiert, wird einige Zeit vergehen. Wahrscheinlich mehr als nur die vier Jahre einer einzigen Amtszeit, denn es wird eine ganze Weile benötigen, um das Chaos, das sie verursacht haben, zu beseitigen. Im Gegenzug werden die Verluste, die wir aufgrund dieser Exzesse erleiden werden, in vielen Fällen irreversibel sein.

Notes

1. „Trump to tax critics: ‚The results will speak for themselves'", „Politico", 20. Dezember 2017 (https://www.politico.eu/article/trump-to-tax-critics-the-results-will-speak-for-themselves/; Zugriff am 24.02.2025).
2. „Federal Debt: Total Public Debt as Percent of Gross Domestic Product", Federal Reserve Bank of St. Louis (https://fred.stlouisfed.org/series/gfdegdq188S; Zugriff am 16.02.2025).
3. „White House Takes Aim at Judicial System as Trump Provokes Constitutional Crisis", „Military.com" (https://www.military.com/daily-news/2025/02/13/white-house-takes-aim-judicial-system-trump-provokes-constitutional-crisis.html; Zugriff am 24.02.2025).
4. *Ebenda.*
5. „Donald Trump: the would-be king", „The Economist", 22. Februar 2025 (https://www.economist.com/leaders/2025/02/20/donald-trump-the-would-be-king; Zugriff am 20.02.2025).
6. *Ebenda.*
7. „Fact Sheet: President Donald J. Trump Addresses Human Rights Violations in South Africa", The White House, 7. Februar 2025 (https://www.whitehouse.gov/fact-sheets/2025/02/fact-sheet-president-donald-j-trump-addresses-human-rights-violations-in-south-africa/; Zugriff am 17.07.2025).
8. „A look at immigration policies that have changed since President Donald Trump took office", „Eyewitness News", 4. Februar 2025 (https://abc7ny.com/post/trump-immigration-policies-executive-orders-ice-raids-more-have-taken-place-taking-office/15851287/; Zugriff am 23.02.2025).

9. „Fact Sheet: President Donald J. Trump Protects Civil Rights and Merit-Based Opportunity by Ending Illegal DEI", Weißes Haus, 22. Januar 2025 (https://www.whitehouse.gov/fact-sheets/2025/01/fact-sheet-president-donald-j-trump-protects-civil-rights-and-merit-based-opportunity-by-ending-illegal-dei/; Zugriff am 15.02.2025).
10. „If US can survive 10 years of Greta Thunberg, Europe can survive few months of Musk: Vance", „Firstpost.com", 14. Februar 2025 (https://www.firstpost.com/world/if-us-can-survive-10-years-of-greta-thunberg-europe-can-survive-few-months-of-musk-vance-13863444.htm; Zugriff am 15.02.2025).
11. „The Putinisation of central Europe", a. a. O.
12. Artur Bartkiewicz, „Dlaczego Rafał Trzaskowski chce być dziś jak Donald Trump" („Why Rafał Trzaskowski wants to be like Donald Trump today"), „Rzeczpospolita", 11. Februar 2025 (https://www.rp.pl/publicystyka/art41791971-artur-bartkiewicz-dlaczego-rafal-trzaskowski-chce-byc-dzis-jak-donald-trump; Zugriff am 15.02.2025).

4

Die Hässlichkeit des schönsten Wortes

In der Vergangenheit sind alle Wellen des extremen Protektionismus mit der Zeit vorübergegangen, alle Zollkriege sind geendet. Es ist nur bedauerlich, dass sie zu dramatischen Konsequenzen geführt haben, die einen langen Schatten auf die folgenden Jahre geworfen haben. Betrachten wir also einige vergangene Erfahrungen.

In den späten 1920er-Jahren verzeichneten die USA Handelsüberschüsse, doch eine falsche Interpretation der Ursachen der verschiedenen wirtschaftlichen Schwierigkeiten dieser Zeit führte zu verheerenden protektionistischen Maßnahmen. 1930 unterzeichnete Herbert Hoover, der 31. Präsident der USA, ein Gesetz, das auf Antrag der beiden republikanischen Kongressabgeordneten Senator Reed Smoot und Abgeordneter Willis Hawley verabschiedet wurde und in der Geschichte als „Smoot-Hawley Tarif" in Verruf geriet. Dieses Gesetz führte eine äußerst protektionistische US-Handelspolitik ein, die in den meisten Fällen andere Länder dazu veranlasste, im Gegenzug Zölle auf Produkte aus den USA zu erheben. Der darauffolgende Zollkrieg führte zu einem Rückgang der US-Importe im Jahr 1933 im Vergleich zu 1929 um alarmierende 66 %. Die US-Exporte im entsprechenden Zeitraum fielen wahrscheinlich zur großen Überraschung der Urheber und Befürworter dieser Politik um

61 %. 1934 war der gesamte Welthandel um zwei Drittel geringer als fünf Jahre zuvor, was die verheerenden Auswirkungen der Großen Depression von 1929 bis 1933 verstärkte. Erst nachdem die Demokraten die Wahl gewonnen hatten, verabschiedete der Kongress und unterzeichnete Franklin D. Roosevelt, der 32. Präsident, 1934 den Reciprocal Trade Agreements Act (RTAA). Danach brauchte es noch viele weitere Jahre, um zu einer völlig neuen Phase in den internationalen Handelsbeziehungen unter den westlichen Ländern zu gelangen, was erst – und nicht sofort – nach dem Zweiten Weltkrieg geschah.

Polen litt zu dieser Zeit unter einem Zollkrieg, der 1925 von einem feindseligen Deutschland ausgelöst wurde, das eine Unterwerfung in wirtschaftlichen und territorialen Fragen erzwingen wollte. Neben Importzöllen verhängte Berlin ein Embargo auf den Kauf bestimmter Warengruppen, die zuvor aus dem Osten importiert wurden. Warschau verfolgte einen ähnlichen Ansatz bei Käufen über Polens westliche Grenze. Dieser Konflikt traf die polnische Wirtschaft stärker als die deutsche, da Polens Exporte nach Deutschland vor dem Konflikt, Mitte der 1920er-Jahre, mehr als ein Viertel des gesamten Auslandsumsatzes ausmachten, während im Falle Deutschlands seine Exporte nach Polen nur etwa drei Prozent seiner Gesamtexporte ausmachten. Was die Importe betrifft, so machten die 1925 verbotenen Importe aus Polen einen unbedeutenden Anteil von drei Prozent der Gesamtimporte des Reiches aus, während der Wert der Waren, die Polen infolge des Verbots nicht aus Deutschland importieren konnte, 16 % der Gesamtimporte ausmachte. Infolgedessen schadete der Zollkrieg Polen mehr als Deutschland, was genau das Ziel war. Die zusätzlichen wirtschaftlichen Probleme, die dadurch in Polen entstanden, kamen den Zielen des Reichs entgegen, das eine politische Destabilisierung Polens anstrebte. Versuche, den Konflikt auf sinnvolle Weise zu lösen, dauerten mehrere Jahre, und erst nachdem Adolf Hitler an die Macht gekommen war, wurde (für einige Zeit) Frieden geschlossen, mit der Unterzeichnung eines entsprechenden Protokolls Anfang 1934.

Ist es nicht interessant, dass beide Handelskriege der damaligen Zeit – der der USA mit dem Rest der Welt und der deutsch-polnische – im selben Jahr, 1934, endeten? Noch interessanter ist die Tatsache, dass sie unter sehr unterschiedlichen Staatsoberhäuptern endeten – einem amerikanischen demokratischen Staatsmann und einem deutschen faschistischen Diktator. Heutzutage soll es als gesunder Menschenverstand gelten, andere Staaten – einschließlich verbündeter Staaten, mit denen bilaterale oder multilaterale Abkommen geschlossen wurden – mit hohen Zöllen zu erpressen, die den internationalen Handel schädigen, der ein wichtiger Mechanismus zur Förderung des Wirtschaftswachstums ist? Ist es angeblich rational, Sanktionen gegen andere Volkswirtschaften zu verhängen, deren Wettbewerbsfähigkeit nicht erreicht werden kann? Oder greift man vielleicht aus ästhetischen Gründen mit großer Vehemenz auf Zölle zurück, da „Zoll" „the most beautiful word in the dictionary" („das schönste Wort im Wörterbuch")[1] ist? Nicht überraschend wurde dies während Trumps Videoansprache beim Weltwirtschaftsforum in Davos stark betont.

Nur wenige Tage späte folgten den Worten Taten. Es wurde die erste Entscheidung getroffen, strenge Visabeschränkungen und 25 % Zölle auf alle Warenimporte aus Kolumbien zu verhängen (mit der Drohung, sie nach einer Woche auf 50 % zu verdoppeln, wenn der Grund für diese plötzliche Entscheidung nicht verschwindet). Der Grund war die Weigerung des kolumbianischen Präsidenten Gustavo Petro, die Landung von zwei Militärflugzeugen zu genehmigen, die die ersten Kolumbianer abschoben, die sich illegal in den USA aufhielten. Bogotá argumentierte im Gegensatz zu Washington, dass sie, wenn sie schon abgeschoben werden müssten, anständig transportiert werden sollten – mit zivilen Flugzeugen und nicht in Handschellen. Angesichts der bedeutenden Rolle, die der Export in der kolumbianischen Wirtschaft spielt, und der Tatsache, dass mehr als ein Viertel ihres Volumens in die USA exportiert wird (2022 waren es Waren im Wert von 28,7 Mrd. USD), gab Präsident Petro dem Druck seines mächtigen Nachbarn im Norden (nun auf der anderen Seite der Karibik und des Golfs nicht von Mexiko, sondern von Amerika) nach und fügte sich seinem Diktat. In den folgenden Wochen und Monaten wird Trump 2.0 andere Länder – darunter auch die engsten politischen Verbündeten der USA – rücksichtslos mit seinen „schönen" Zöllen erpressen. Diese reichen von vergleichsweise milden 10 % bis hin zu erschreckenden 500 % (sic!). Ihr besonders hoher Satz kommt einem faktischen Embargo gleich und blockiert Importe vollständig.

Das Androhen von Zöllen ohne deren Umsetzung kann einige dazu bewegen, Zugeständnisse zu machen, um schwerwiegendere Konsequenzen zu vermeiden. Dann sind die Kosten, die die angegriffene Partei trägt, geringer, als sie im Falle eines Zollkriegs wären. Für Washington wiederum ist dies ein Beweis dafür, dass die bloße Androhung von Importzöllen das gewünschte Verhalten hervorruft. Was das Ergebnis dieses US-Spiels – sowohl politisch als auch wirtschaftlich – sein wird, wissen wir ex ante nicht, denn wir bewegen uns auf unsicherem Terrain. In der Sprache der Politikwissenschaft und Diplomatie gibt es die Madman-Theorie, die erstmals vor einem halben Jahrtausend aufkam, als Niccolò Machiavelli 1517 in „Der Fürst" schrieb, dass „es sehr weise ist, Wahnsinn zu simulieren".[2] Obwohl es nicht weise ist, kann es manchmal effektiv sein. Die Adressaten von extremen Drohungen können sie für verrückt halten, aber sie können sie nicht ignorieren. Schließlich ist das Wesen des Wahnsinns, dass ein Wahnsinniger gemäß seinen verrückten Versprechen handeln kann, aber auch sich auch konträr zu ihnen verhalten kann. Einige sagen, dass Trump durch seine Aussagen und späteren Dementis einen Nebel der Desinformation erzeugt. Vorsicht ist geboten, denn im Nebel kann man sich leicht verirren. In der Praxis ist es manchmal auch notwendig, einen Schritt zurückzutreten, um nicht zu testen, ob die Drohungen real sind, da die Kosten, wenn sie sich bewahrheiten sollten, katastrophal wären. Dies ist der Fall, wenn jemand die Menschen mit der Möglichkeit des Einsatzes von Atomwaffen erschreckt, wie Präsident Nixon während des Vietnamkriegs in einem Versuch, die Vietcong zur Unterwerfung zu zwingen. Etwas näher an der Gegenwart war dies der Fall, als Trump 1.0 und der nordkoreanische Diktator Kim Jong Un das Spiel spielten, wer einen größeren roten Knopf auf seinem Schreibtisch hatte.

Das hektische geopolitische Spiel hat seine spezifischen wirtschaftlichen Auswirkungen. Dies ist auch der Fall, wenn man droht, restriktive Zölle anzuwenden. Es ist besser, nicht zu überprüfen, wozu der Drohende fähig ist, denn wenn er seine Drohungen erfüllt, wird es unermesslich schmerzhafter sein, als ihm weniger gravierende Zugeständnisse zu machen. Es gibt diese Volkswahrheit, die wir hier verwenden könnten: „Es ist nicht klug, sich einem Narren in den Weg zu stellen". Aus diesem

Grund wollen sie sich in Bogotá, in Ciudad de México, in Ottawa, in Tokio und an vielen anderen Orten, ganz zu schweigen von Brüssel, nicht in den Weg stellen.

Dies beruhigt keineswegs die Situation, denn angesichts eines Verhaltens, das als wahnsinnig eingestuft wird, sind Veränderungen in der wirtschaftlichen Situation schwer vorherzusagen. Unvorhersehbarkeit führt zu Unsicherheit, die wiederum Investitionen, Produktion und Beschäftigung negativ beeinflusst. Da niemand genau weiß, was die Kosten und Ergebnisse sein werden, ist es unmöglich, eine zuverlässige wirtschaftliche Berechnung zu machen. Das passiert bereits und die Konsequenzen dieser Unsicherheit werden noch jahrelang zu spüren sein.

Die Madman-Theorie zielt darauf ab, scheinbar unwahrscheinlichen Bedrohungen Glaubwürdigkeit zu verleihen. Präsident Wladimir Putin setzte diese Theorie in die Tat um, indem er öffentlich ankündigte, dass die russischen Behörden unter bestimmten Umständen den Einsatz von Atomwaffen in Erwägung ziehen könnten. Nach der neuen russischen Doktrin, die im November 2024 eingeführt wurde, „zielt die nukleare Abschreckung darauf ab, einem potenziellen Aggressor die Unvermeidlichkeit einer Vergeltung im Falle einer Aggression gegen die Russische Föderation oder ihre Verbündeten zu verdeutlichen". Darüber hinaus ist es äußerst wichtig, dass ein Angriff „von einem nicht nuklearen Waffenstaat mit der Beteiligung oder Unterstützung eines nuklearen Waffenstaates als gemeinsamer Angriff betrachtet wird."[3] Auch wenn sie als wahnsinnig betrachtet wird, kann eine solche Doktrin nicht ignoriert werden. Aus demselben Grund – um andere zu erschrecken – verwendet Präsident Trump scheinbar unwahrscheinliche Drohungen, wenn er zum Beispiel warnt, dass er Handelsbeschränkungen verhängen könnte, wie die Welt sie noch nie gesehen hat. Wir sind an dem Punkt angelangt, an dem die Theorie des Wahnsinnigen angewendet wird, sowohl von den Bewohnern des Kremls als auch des Weißen Hauses, den Führern großer Staaten, die ständige Mitglieder des Sicherheitsrats der Vereinten Nationen sind.

Als Ergebnis verschiedener politischer Chimären können die Gegebenheit, die heute bestehen, morgen anders sein; jetzt machen wir einige

Annahmen, die bald veraltet sein könnten; wir glauben, dass die Reaktion der anderen Seite eine bestimmte Form annehmen könnte, aber dann stellt sich heraus, dass es anders ist. In solchen Fällen kann sich eine genaue aktuelle Beobachtung und Interpretation nach einer Weile als fehlgeleitet erweisen. Und so kann ein Autor während der ersten Wochen von Trumps 2.0-Präsidentschaft beim Verfassen einer Meinung recht haben, aber nicht mehr zu dem Zeitpunkt, zu dem jemand seine Worte liest. Selbst wenn er sie per E-Mail verschickt hat. Die Situation kann so volatil sein, dass der Inhalt der heutigen Zeitungen bereits veraltet sein kann, dass ein Hörer des morgendlichen Radiodienstes etwas anderes weiß als ein Freund, der das abendliche Fernsehnachrichtenprogramm gesehen hat.

Die Nervosität der Situation ist so groß, dass Händler auf den Devisenmärkten, die normalerweise ruhig sind, den Kopf verlieren und mit ihren Analysen und Entscheidungen hin und her eilen. Es ist äußerst schwierig, nicht nur das Ausmaß, sondern auch die Richtung der Bewegungen des Dollars gegenüber anderen Währungen vorherzusagen, wenn es dafür keine Grundlage gibt.

Wenn Importzölle eingeführt und für einen längeren Zeitraum beibehalten werden, führt dies zu einer Beschleunigung der Preiserhöhungen in den USA. Wenn dort die Inflation anzieht, werden die Zinsen nicht fallen, sondern es wird vielleicht das Gegenteil passieren. Wenn relativ höhere Zinsen bestehen bleiben, wird die Attraktivität von Dollar-Einlagen verbessert. Sollte dies eintreten, wird die Dollar-Nachfrage steigen. Wenn die Nachfrage nach der US-Währung steigt, wird der Preis der Währung steigen, was bedeutet, dass der Wechselkurs steigen wird. Gleichzeitig könnten andere Faktoren – insbesondere das Geschehen an den Börsen und auf den Kapitalmärkten – zu einem Rückgang der Nachfrage nach dem Dollar führen und dadurch Druck auf seinen Wechselkurs ausüben. Das Problem ist, dass in einer Umgebung von politischem und informationellem Chaos unklar ist, wie es sein wird und welche Annahmen über diese „Wenns" zu treffen sind. Einige nehmen das eine an, andere etwas anderes, und der Dollarkurs springt auf und ab und niemand weiß genau, wie er morgen sein wird. Niemand kann am Morgen sicher sein, wie es am Nachmittag sein wird, ob man kaufen oder verkaufen soll? So entscheiden sich einige Händler zum Kauf, andere zum Verkauf, und dann sind sie überrascht, dass die Dinge anders verlaufen, als sie erwartet hatten.

Donald Trump glaubt, dass er ausländische Unternehmen durch hohe Importzölle dazu bewegen kann, ihre Produktion in die USA zu verlagern: „Come make your product in America (…) But if you don't make your product in America, which is your prerogative, then very simply, you will have to pay a tariff – differing amounts – but a tariff, which will direct hundreds of billions of dollars and even trillions of dollars into our treasury" („Kommen Sie und stellen Sie Ihr Produkt in Amerika her (…) Aber wenn Sie Ihr Produkt nicht in Amerika herstellen, was Ihr gutes Recht ist, dann müssen Sie ganz einfach einen Zoll zahlen – unterschiedliche Beträge – aber einen Zoll, der Hunderte von Milliarden und sogar Billionen von Dollar in unsere Staatskasse lenken wird.")[4] liegt grundlegend falsch. Eine so große Verlagerung ausländischer Unternehmen in die USA ist aus zahlreichen Gründen nicht möglich. Teilweise auch im Kontext paralleler Abschiebungen von illegal dort lebenden Menschen (allein im ersten Monat der neuen Regierung wurden 3760 Menschen abgeschoben), da dies das Angebot an Arbeitskräften, die für Produktion und Dienstleistungen benötigt werden, spürbar reduziert. Wenn es tatsächlich möglich wäre, eine große Anzahl von Unternehmen in die USA zu locken, würde schnell klar, dass die ausschließliche Beschäftigung von Amerikanern zu Arbeitsbarrieren führen würde. Umso mehr, als die Arbeitslosigkeit im März 2025 auf einem sehr niedrigen Niveau von 4,1 % lag. In einer solchen hypothetischen Situation würde die IRS nicht die begehrten „Billionen von Dollar" aus zusätzlichen Zöllen einnehmen.

Notes

1. „Trump Calls Tariffs the ‚Most Beautiful Word'", „The Wall Street Journal", 16. Oktober 2024 (https://www.wsj.com/livecoverage/harris-trump-election-10-15-2024/card/trump-calls-tariffs-the-most-beautiful-word%2D%2DbzWdeTXw0PCgIsHTrqPT; Zugriff am 24.02.2025).
2. Niccolò Machiavelli, „The Prince", The Project Gutenberg eBook of The Prince (https://www.gutenberg.org/cache/epub/57037/pg57037-images.html; Zugriff am 31.03.2025).

3. „Fundamentals of State Policy of the Russian Federation on Nuclear Deterrence", Außenministerium der Russischen Föderation, 3. Dezember 2024 (https://www.mid.ru/en/foreign_policy/international_safety/1434131/; Zugriff am 24.03.2025).
4. „Trump calls for tariffs on goods not made in US in address to world business leaders", NBC New York, 23. Januar 2025 (https://www.nbcnewyork.com/news/national-international/donald-trump-tariffs-threat-world-economic-forum/6119880/; Zugriff am 24.02.2025).

5

Politischer Voluntarismus und ökonomische Gesetze

Nicht jeder wird sich der Erpressung und Einschüchterung beugen. Auch kann nicht jeder – und nicht alles – gekauft werden. Man muss sorgfältig darauf achten, wer und was zum Verkauf steht und wer und was nicht verhandelbar ist. Wer mit Geld oder Erpressung gebrochen werden kann und wer sich als unerbittlich erweisen wird. Während es für einige eine Zeit des Tauschhandels ist, ist es für andere eine Zeit der Prüfung.

Elon Musk pumpte eine riesige Summe Geld – laut offiziellen Dokumenten bis zu 277 Mio. USD[1] – durch verschiedene Kanäle in die republikanische und in Trumps Wahlkampage, was zweifellos dazu beitrug, ihn zum Präsidenten zu machen. Es ist wahrscheinlich nicht mehr so billig wie früher, als man sagte, dass das amerikanische Wahlsystem sich nicht so sehr nach dem Prinzip von ein Mann – eine Stimme, sondern von ein Dollar – eine Stimme ausdrückt. Jetzt sind es wahrscheinlich hundert Dollar – eine Stimme. Wenn das so ist, hätten für 277 Mio. 2,77 Mio. dieser Stimmen gekauft werden können. Für Trump stimmten 77.284.118 Menschen, 2.284.952 mehr als für Kamala Harris, die von 74.999.166 Menschen unterstützt wurde. Musk mag daher glauben, dass er es ist, der Trump die Präsidentschaft gekauft hat, denn wenn nur die Hälfte der Wähler, die das Zünglein an der Waage waren, für die demo-

© Der/die Autor(en), exklusiv lizenziert an Springer Nature Switzerland AG 2025
G. W. Kolodko, *Trumps zweite Amtszeit*,
https://doi.org/10.1007/978-3-032-02943-0_5

kratische Kandidatin gestimmt hätten, hätte sie gewonnen. Wenn das tatsächlich der Fall ist, war es für Musk billig, da er sein Ziel erreichte, obwohl ihr Wahlkampf etwa 1,5 Mrd. USD kostete.[2]

So beeindruckend Musks Leistungen auf dem Gebiet der Technologie sein mögen, so besorgniserregend muss sein Aktivismus im politischen Bereich sein. Begeistert von dieser politischen Erhebung an die Spitze, begann er, sich in die Angelegenheiten anderer Menschen einzumischen, indem er seine mächtige Position in der Medienkommunikation nutzte. Statt dass seine Bemerkungen zu kulturellen, sozialen, wirtschaftlichen und politischen Fragen ignoriert werden, wie sie es meist verdienen, werden sie durch die Überzeugungskraft der Plattform X (früher Twitter) stark verstärkt und von unzureichend kritischen und wenig selektiven Medien weit verbreitet. Musk griff Premierminister Keir Starmer an und behauptete, er „muss gehen und er muss sich wegen seiner Mitschuld am schlimmsten Massenverbrechen in der Geschichte Großbritanniens" vor einigen Jahren verantworten (während er die Crown Prosecution Service, CPS, leitete). Gleichzeitig lobt er Nigel Farage, den Führer der rechtsradikalen Reform Partei. Darüber hinaus veröffentlichte er eine Reihe von Beiträgen, in denen König Charles III aufgefordert wird, das Parlament aufzulösen und Neuwahlen anzuordnen, unbeeindruckt von der Tatsache, dass ihn dies in seriösen Kreisen lächerlich macht. Stattdessen freut er sich darüber, dass es ihm Publicity unter untätigen Zuschauern verschafft. Zu einer Zeit, als Deutschland sich auf Wahlen vorbereitete, unterstützte er pompös die Alternative für Deutschland (AfD). Seiner Ansicht nach ist diese quasi-faschistische Fraktion „die beste Hoffnung für die Zukunft Deutschlands", wie er anderthalb Monate vor der Bundestagswahl in einem Live-Interview auf der Plattform X mit der AfD-Vorsitzenden Alice Weidel sagte.[3] Im folgenden Monat wurde das aufgezeichnete Gespräch zumindest teilweise von bis zu einer halben Million Menschen auf dem YouTube-Kanal angehört.

Trumps makroökonomische Ignoranz besteht darin, dass er an die mikroökonomische Macht von Importzöllen glaubt. Zölle sollen laut Trumponomics gleich drei Probleme auf einmal lösen.

Erstens sollen sie für ausreichende Staatseinnahmen auf Kosten von ausländischen Ländern sorgen, selbst wenn auf inländische Einkommenssteuern verzichtet wird. Völlig unrealistisch! Wenn die allgemeinen Zölle von 25 % angewendet würden, würde dies (unter der unrealistischen Annahme, dass das Importvolumen beibehalten wird) zu maximal 12 % der bisherigen Steuereinnahmen führen.

Zweitens sollen die Zölle die US-Handelsbilanz ausgleichen, die seit Jahren tief im Minus steckt. Es ist wahr, dass protektionistische Zölle die Einfuhr von Waren aus dem Ausland reduzieren würden, weil sie teurer würden. Aber gleichzeitig würden infolge des Rückgangs der Importe weniger Dollar im Ausland erworben. Aufgrund der daraus resultierenden Reduzierung des Dollar-Angebots auf den globalen Märkten, nähme seine Stärke zu. Würde der Dollar im Gegenzug aufwertet, sänke die Nachfrage nach US-Exporten. Folglich würde die USA weniger importieren, aber gleichzeitig auch weniger exportieren und die Handelsbilanz würde sich kaum, wenn überhaupt, verbessern.

Drittens verbessert die Erhebung von Importzöllen auf bestimmte Warengruppen die relative Wettbewerbsfähigkeit von lokalen Unternehmen, die in den geschützten Sektoren tätig sind, indem sie den Zustrom von ausländischen Waren auf den Markt begrenzen. Sie belastet aber gleichzeitig andere inländische Unternehmen relativ stärker, die nicht durch solche protektionistischen Praktiken geschützt sind. Durch die gezielte Rettung einiger können andere ertrinken, da ihre Produkte möglicherweise relativ weniger nachgefragt werden, während ihre Produktionskosten höher sind.

Alle drei Reaktionen machten sich bemerkbar, als der Protektionismus während Trumps erster Amtszeit von 2017 bis 2021 durchgesetzt wurde. Statt aus dieser Erfahrung die richtigen Lehren zu ziehen, bevorzugen er und seine Anhänger es, mit ineffektiven Politiken fortzufahren. Sie haben nichts gelernt, zum Beispiel aus der Tatsache, dass die auf Stahleinfuhren in die USA angewandten Zollbeschränkungen nichts dazu beigetragen haben, die Beschäftigung im Stahlsektor zu erhöhen, sondern eher das Gegenteil; die Beschäftigung in der Stahlproduktion fiel von rund 84.000 Menschen im Jahr 2018 auf rund 80.000 zwei Jahre später, am Ende des Wahljahres 2020.

Darüber hinaus weigert sich Trump zu verstehen, dass nicht andere Länder die direkten Kosten der verhängten Zölle tragen, sondern US-Produzenten und -Verbraucher, die die dadurch verteuerten Waren kaufen. Andere begreifen dies, zum Beispiel die Kongressabgeordnete Alexandria Ocasio-Cortez (übrigens, als sie 2018 im Alter von 29 Jahren erstmals in das Repräsentantenhaus gewählt wurde, war sie die jüngste Frau in diesem Gremium), die den Initiator des Zollwahnsinns scharf angreift: „Trump verschlimmert die Inflation für die arbeitende Klasse in Amerika, er verbessert sie nicht. Er füllt seine eigenen Taschen und die der Milliardärsklasse."[4] Glücklicherweise kann er sie nicht abschieben, denn obwohl sie puerto-ricanische Wurzeln hat, ist sie eine gebürtige Amerikanerin. Und doch hatte Trump bereits – im Sommer 2019 – ihr und mehreren anderen progressiven Kongressabgeordneten, deren Vorfahren aus anderen als europäischen Ländern in die USA eingewandert waren, in einem seiner im Grunde rassistischen Kommentare geraten, „[to] go back to their original countries" („in ihre ursprünglichen Länder zurückzukehren").[5]

Ob er wirklich beabsichtigt, die Reichen auf Kosten der Armen zu bevorzugen, bleibt abzuwarten, aber Ocasio-Cortez hat recht mit der Auswirkung von Importzöllen auf reale Haushaltseinkommen. Der Marktumverteilungsmechanismus funktioniert so, dass ein relativ größerer Anteil der Konsumausgaben von Menschen mit niedrigeren Einkommen aus Käufen von Waren besteht als von Dienstleistungen. Bei Gutverdienern ist das Gegenteil der Fall; sie geben relativ viel für Dienstleistungen aus, relativ weniger für materielle Güter. Wenn jemand, der ärmer ist, viel für Produkte ausgibt, sei es beim Kauf von Kleidung, die aus China importiert wird, oder einem günstigen Auto, das in Mexiko montiert wird, wird eine verhältnismäßig höhere Zollbelastung auf ihn zukommen als auf wohlhabendere Menschen, die relativ viel für inländisch erbrachte Dienstleistungen ausgeben, die von Natur aus zollfrei sind. Es gibt keine Zollgebühr im Preis für eine teure Privatschule, es gibt sie in den importierten und verzollten Schuhen des Kindes; es gibt keine im Preis für einen Urlaub im Ausland, es gibt sie in der verzollten Kleidung. Zollgebühren wirken daher als zusätzliche Steuerbelastung, die im vom Verbraucher gezahlten Preis enthalten ist.

Ökonomen, die den inflationären Effekt von Importzöllen betonen, haben recht. Zölle, die auf Importe von Stahl und Aluminium erhoben werden, werden spürbar sein, genau wie sie es unter der vorherigen Ausgabe der praktischen Trumponomics waren. Die Kosten und Preise für den Bau und die Renovierung von Häusern und Wohnungen wurden nach oben getrieben. Große Autohersteller, General Motors und Ford, behaupteten, dass nach der Anwendung von Importzöllen im Jahr 2018 die Produktionskosten jedes einzelnen um rund eine Milliarde Dollar gestiegen sind. Die Kosten für häufig gekaufte Konserven und Getränke sind gestiegen, weil bis zu 70 % des in diesen Verbraucherindustrien verwendeten Aluminiums importiert wird. Protektionistische Praktiken betrafen auch die Hersteller von Haushaltsgeräten. Diese zusätzlichen Belastungen wurden in unterschiedlichem Maße zwischen Produzenten und Verbrauchern geteilt. Wenn die Ersteren in der Lage sind, die gestiegenen Herstellungskosten vollständig auf die Verbraucher abzuwälzen, werden sie dies natürlich tun, und das wird die Inflation antreiben. Wenn dies in einem tief ausbalancierten Markt unmöglich erscheint, werden ihre Gewinne sinken, was wiederum einen Rückgang der Haushaltseinnahmen aus den auf diese Gewinne gezahlten Steuern zur Folge hat.

Das ist sehr beunruhigend, da erhebliche Kosten von Massen unschuldiger Menschen an so vielen Orten in dieser volatilen Welt getragen werden. Eine Analyse der Vergangenheit zeigt, dass in drei Vierteln der Fälle die Erhebung von Zöllen auf Importe aus einem Land eine Rache auslöst. Als Reaktion darauf wendet ein solches Land meist symmetrische Vergeltungsmaßnahmen in Form von Importzöllen auf Waren an, die aus dem Aggressorhandelsland importiert werden. Als Ergebnis dieser Aktionen und Reaktionen eskaliert ein Handelskrieg, der alle Beteiligten schädigt. Zwar nicht gleichmäßig, aber das ist ein schwacher Trost für diejenigen, die (oder die nur glauben, dass sie) in einer relativ stärkeren Position sind.

Es darf nicht vergessen werden, dass es viel einfacher ist, einen Handelskrieg zu beginnen, als sich aus ihm zurückzuziehen. Einige fragen sich bereits, ob die protektionistische Euphorie von Trump 2.0 das Ende der nachkriegszeitlichen Freihandelswelt markiert. Mitnichten. Die Welt ist noch nicht verrückt geworden und die Gezeiten des Protektionismus werden, obwohl sie unter den Handelskriegen leiden wird, nicht ewig anhalten. Wir wissen nicht, wie der Handelskrieg ausfallen wird, den die USA vielleicht mit seinen Verbündeten im Süden und Norden, Mexiko und Kanada, anstößt, für die der Warenaustausch mit dem großen Nachbarn in der Mitte bis zu etwa 20 % des nationalen Einkommens ausmacht. Bei einem so hohen Anteil des Außenhandels am BIP würde die mögliche Einführung hoher Zölle zwangsläufig zu einer Rezession und erhöhter Arbeitslosigkeit führen.

Die protektionistischen Einfuhrzölle von 25 %, mit denen die Vereinigten Staaten drohen, sind ein Verstoß gegen die Regeln der Welthandelsorganisation (WTO). Sie müssen mit einer symmetrischen Reaktion der so angegriffenen Staaten beantwortet werden. All dies kann innerhalb einer bewusst freihandelsorientierten Gruppierung wie dem USMCA-Abkommen, dem U.S.-Mexico-Canada-Agreement, geschehen, das Präsident Trump im letzten Jahr seiner ersten Amtszeit abgeschlossen hat. Dem USMCA ging das NAFTA voraus, das North American Free Trade Agreement – ein trilateraler Handelsblock, der während der Präsidentschaft von Bill Clinton 1994 ausgehandelt und abgeschlossen wurde – das Trump nicht gefiel, sodass es nach seinem Ermessen modifiziert wurde. Er mochte es nicht, weil es seiner Meinung nach „the worst trade agreement ever" („das schlechteste Handelsabkommen aller Zeiten") war.

Trotz früherer harter Ankündigungen in den ersten Wochen seiner zweiten Amtszeit hat sich Präsident Trump gegenüber einem weitaus mächtigeren China etwas weniger aggressiv verhalten. Er hat nicht 50, wie er zuvor gedroht hatte, und nicht 25, sondern nur zehn Prozent zu den zuvor umgesetzten Zöllen auf Importe von dort hinzugefügt. Wie ich geraten habe, hat China vernünftig und vorsichtig gehandelt. Am Tag nach den Novemberwahlen schrieb ich: „Peking sollte nicht voreilig Vergeltungszölle auf US-Produkte erheben. Stattdessen sollte es die Angelegenheit vor die WTO bringen."[6] Was als Nächstes passiert, bleibt abzuwarten. Nach dem ersten Zollschlag Washingtons verhängte Peking moderate Zölle auf einige US-Waren, die im Grunde genommen marginal für die Gesamtimporte sind: 10 % auf in kleinen Mengen importiertes Erdöl, Landmaschinen und Autos mit großen Motoren und 15 % auf Kohle und Flüssigerdgas (LNG). Diese Zölle decken Importe im Wert von gerade einmal 14 Mrd. USD pro Jahr ab, während die US-Beschränkungen auf bis zu 450 Mrd. USD an Importen aus China anwendbar sind.

Peking reagierte nicht mit einer Massen-, sondern mit einer ausgeklügelten Antwort, da sie hauptsächlich Waren aus den mittleren Weststaaten betrifft, die für ihre überdurchschnittliche Unterstützung des re-

5 Politischer Voluntarismus und ökonomische Gesetze 41

publikanischen Präsidenten bekannt sind. Laut dem Thinktank Brookings Institution stellen die von Zöllen betroffenen Industrien zwischen 400.000 und 700.000 Arbeitsplätze zur Verfügung und nun könnten einige davon verloren gehen. Darüber hinaus hat das chinesische Handelsministerium mitgeteilt, dass es die US-Zölle bei der WTO anfechten wird. Zu Recht, obwohl dies wenig bringen wird, da die Schiedsgerichtsbarkeit dieser internationalen Organisation in den letzten Jahren eher symbolischen als realen Charakter hat. Dies liegt daran, dass ihr Berufungsgremium seit Ende 2019 nicht funktioniert hat, aufgrund der Weigerung der USA, die Nominierung neuer Richter zu unterstützen.

Seit diesen Maßnahmen und Gegenmaßnahmen hat sich die Lage mehrfach verändert. Wir haben bereits eine kurze Phase durchlaufen, in der die US-Zölle ein ungewöhnlich hohes Maß an Protektionismus erreichten – 145 %, während Chinas Reaktion auf diese Beschränkungen bei 125 % lag. Anschließend wurde eine Vereinbarung getroffen, die US-Zölle auf 30 % und die chinesischen Zölle auf 10 % zu senken. Obwohl US-Finanzminister Scott Bessent im Juni 2025 in Genf ein entsprechendes Abkommen mit dem chinesischen Vizepremier He Lifeng unterzeichnete, könnte dieses Abkommen – aufgrund der Launen von Präsident Trump – zu dem Zeitpunkt, an dem Sie dies lesen, bereits wieder hinfällig sein.

Vor einigen Jahren entschied die WTO in einem Streit über auf Stahl- und Aluminiumimporte erhobene Zölle zugunsten Chinas. Trotzdem wurden die Zölle beibehalten, da die Biden-Administration das Urteil ignorierte und die falsche Behauptung aufrechterhielt, die Zölle seien aus Gründen der nationalen Sicherheit notwendig. Dieses Argument kann nach Belieben von jedem amerikanischen Präsidenten verwendet werden, und Trump wird darin hervorragend sein. Das tut er, indem er 25 % Zölle auf die Einfuhren von Stahl und Aluminium aus allen Ländern ohne Ausnahme ankündigt, einschließlich des Vereinigten Königreichs und der Mitgliedstaaten der Europäischen Union. Die Hauptexporteure dieser Metalle, insbesondere Kanada, Brasilien, Mexiko und Südkorea, die jeweils 6,0, 4,1, 3,2 und 1,5 Mio. Tonnen Stahl verkauften, werden am härtesten getroffen, und im Falle von Aluminium – Kanada, das seinen südlichen Nachbarn mit mehr als der Hälfte seiner Importe (3,2 Mio. Tonnen) versorgte. Es ist erwähnenswert, dass die Zölle entgegen den

Absichten des Zollwahns in seiner vorherigen Ausgabe, unter Trump 1.0, laut offiziellen Daten der US International Trade Commission (USITC) den Durchschnittspreis von Stahl und Aluminium um 2,4 bzw. 1,6 % erhöhten, was nicht die Wirtschaft, sondern die Inflation stärkte.

Selbst wenn China doppelt so viel von den Vereinigten Staaten kaufen würde wie zuvor, würde dies ihr Handelsbilanzdefizit nicht ausgleichen, wenn sie ihre eigenen Exporte nicht wettbewerbsfähig steigern könnten und solange die Ersparnisse nicht wesentlich zunehmen. Denn ihr Defizit ist strukturell, nicht konjunkturell. Die Amerikaner sollten mehr sparen und weniger für den Konsum von Waren ausgeben, die anderswo besser und billiger produziert werden. Indem sie mehr sparten, würden sie mehr Investitionen aus eigener Tasche finanzieren, statt mit Geldern aus dem Ausland dank des Leistungsbilanzdefizits, das 2024 bei 3,4 % des BIP lag, während andere positive Salden hatten, hauptsächlich aufgrund des Überschusses der Exporte in die USA über die Importe von dort.

China verzeichnete im gleichen Zeitraum einen positiven Saldo von 3,2 % des BIP. Die gesamte Eurozonenwirtschaft verzeichnete 2,4 % (darunter Deutschland bis zu 6,3 %) und Japan 4,2 %. Laut Trumponomics betrügen Länder, mit denen die USA Handelsdefizite haben, weil sie angeblich betrügerisch veranlassen, dass die Exporte die Importe übersteigen, während sie in Wirklichkeit einfach in der Lage sind, das zu produzieren, was die Amerikaner zu geringeren Kosten wollen. Interessanterweise verzeichnen einige Volkswirtschaften mit großen positiven Handelsbilanzen mit den USA Defizite in ihrer Gesamtbilanz (die neben der Warenhandelsbilanz auch andere Kategorien internationaler Finanztransfers umfasst), zum Beispiel Kanada -1,6 % und Mexiko -1,0 % des BIP.

Zumindest werden die Amerikaner etwas weniger Metall verbrauchen und ihre Legierungen nicht für die Prägung von Münzen verschwenden. Ihr Anführer mag es, Aufsehen zu erregen, aber er hatte recht, als er anordnete, die Produktion der 1-Cent-Münze einzustellen, weil es 3,69 Cent kostet, sie zu produzieren und zu verteilen. Dies ist kein Witz, da der Massencharakter einer solchen unrentablen Praxis im Finanzjahr 2023/2024 Ausgaben in Höhe von 85,3 Mio. USD verursachte.

Vor diesem Hintergrund klang es ironisch, als Trump 2.0 beim Weltwirtschaftsforum versuchte, in seinem Kommentar über Wirtschaftsbeziehungen den Eliten aus Wirtschaft, Finanzen, Politik und Medien zu erklären, dass die Eingliederung Kanadas in die USA als 51. Bundesstaat das US-Handelsdefizit (nicht so groß, bei etwa 44 Mrd. USD im Jahr 2024) beseitigen würde, weil es zwischen ihnen in einem integrierten Land keine Exporte und Importe gäbe. Wäre es nicht einfacher, Buchhaltungs- und Statistikämter zu vereinen und so zu tun, als gäbe es keine Grenze? Wie wäre es mit der Hinzufügung der Europäischen Union, mit der die Vereinigten Staaten ein viel größeres Handelsdefizit haben (rund 236 Mrd. USD im Jahr 2024)?

Angesichts all dessen scheint es wie eine Ironie der Geschichte, dass der eingebildete Trump auf die Idee kam, seine *idée fixe* eine „revolution of common sense" („Revolution des gesunden Menschenverstandes") zu nennen, eine Generation zuvor wurde der Ausdruck in Kanada populär. Zwischen 1995 und 2002 wurde in der Provinz Ontario unter Premier Mike Harris von der Progressive Conservative Party unter diesen Worten verstanden, dass das Budget ausgeglichen wird, während Steuern gesenkt und die Größe und Rolle des Staates begrenzt werden. Solche *de facto* neoliberalen Politiken waren nicht sehr erfolgreich, aber das ist nicht die einzige Lektion, die nicht gelernt wurde.

Ist es nicht eine Ironie der Geschichte, dass über den gesunden Menschenverstand erstmals in einer Broschüre mit dem genauen Titel: „Common Sense", geschrieben eine Epoche früher, 1776, von Thomas Paine gesprochen wurde?[7] Dieser britische Schriftsteller und Denker der Aufklärung, Teilnehmer an der Amerikanischen Revolution und einer der Gründerväter der USA, setzte sich für die Unabhängigkeit ein und seine Veröffentlichung spielte eine erhebliche Rolle bei der Auslösung der Revolution, die die Kolonien – damals nur dreizehn – von der Abhängigkeit von Großbritannien befreite. Und nun sollten die Provinzen Kanadas ihre Unabhängigkeit verlieren? Trump hat offensichtlich nicht darüber nachgedacht, dass die Mehrheit der zehn Provinzen und drei Territorien dort von progressiven Kreisen regiert wird, die, wenn sie amerikanisiert würden, unweigerlich die Demokratische Partei stärken, sodass die Republikaner bald ihre Mehrheit in beiden Häusern des Kongresses verlören. Es gäbe sicherlich genug Stimmen für ein Amtsenthebungsverfahren ...

Wie wäre es, die Eingliederung Mexikos als 52. Bundesstaat zu diesen eigenwilligen politischen und kommerziellen Vorschlägen hinzuzufügen? Dann sollte nach Trumps „Logik" das Problem der unkontrollierten Einwanderung von dort verschwinden, da alle Einwohner eines solchen erweiterten Landes zu Hause wären. Es ist gut, dass zumindest die Franzosen keine Ansprüche auf Louisiana stellen, das sie unklugerweise 1803 an die Amerikaner verkauft haben, und die Russen nicht den Wiederverkauf von Alaska fordern, das sie 1867 zur Zeit der Zaren für einen lächerlichen Betrag von 7,2 Mio. USD (entspricht heute etwa 135 Mio.) gehandelt haben. Nicht nur Musk, sondern auch Trump selbst könnte einen solchen Betrag aus eigener Tasche bezahlen. Aber für Grönland haben sie möglicherweise nicht genug, denn da steckt mehr dahinter als nur Geld.

Notes

1. „Elon Musk spent at least $277 Mio. backing Trump and the GOP, „Business Insider", 6. Dezember 2024" (https://www.businessinsider.com/elon-musk-260-million-spending-trump-republican-party-2024-12?IR=T; Zugriff am 15.02.2025).
2. „How Kamala Harris Burned Through $1.5 Billion in 15 Weeks", „The New York Times", 17. November 2025 (https://www.nytimes.com/2024/11/17/us/politics/harris-campaign-finances.html; Zugriff am 23.02.2025).
3. „Elon Musk – Alice Weidel Full Conversation: Tesla CEO speaks to German far-right party AfD chief", 9. Januar 2025 (https://www.youtube.com/watch?v=cpjKbWKZn00; Zugriff am 15.02.2025).
4. „Playbook: The trade war that wasn't", „Politico", 27. Januar 2025 (https://www.politico.com/newsletters/playbook/2025/01/27/the-trade-war-that-wasnt-00200689; Zugriff am 24.02.2025)
5. „Donald Trump tells AOC and Ilhan Omar to ‚go back' to their ‚original' countries", „Independent", 14. Juli 2019 (https://www.independent.co.uk/news/world/americas/us-politics/trump-alexandria-ocasio-cortez-rashida-tlaib-pelosi-migrant-centres-a9004246.html; Zugriff am 24.02.2025).
6. Grzegorz W. Kolodko, „Response to US moves should be calm", „China Daily. Global Edition", 28. November 2024 (https://www.tiger.edu.pl/Response_to_US.pdf; Zugriff am 15.02.2025).

7. Thomas Paine, „Common sense addressed to the inhabitants of America on the following interesting subjects. I. Of the origin and design of government in general, with concise remarks on the English constitution. II. Of monarchy and hereditary succession. III. Thoughts on the present state of American affairs. IV. Of the present ability of America, with some miscellaneous reflections", R. Bell, Philadelphia, 1776 (https://archive.org/details/commonsenseaddre00pain_6; Zugriff am 01.02.2025).

6

Geopolitische Neuordnung

Langfristig können die Ergebnisse von rüpelhaften Aktionen ganz anders ausfallen als von ihren Urhebern gewünscht. Sie werden sicherlich im Bereich der Geopolitik spürbar sein. Die US-Aggressivität wird lateinamerikanische Länder dazu veranlassen, die wirtschaftliche Zusammenarbeit – in Bezug auf Handel, Kapitalflüsse, Direktinvestitionen, Technologietransfer – mit anderen Ländern, vor allem China, auf Kosten der USA zu vertiefen. Dies wird sicherlich nicht für Argentinien gelten – zumindest solange der libertäre Präsident Javier Milei dort an der Macht ist –, aber es wird höchstwahrscheinlich für die anderen großen Wirtschaften des Kontinents gelten, insbesondere für Brasilien mit Präsident Ignacio Lula Da Silva und Mexiko mit Präsidentin Claudia Sheinbaum.

Wir werden dies auch anderswo beobachten. In Afrika und vor allem in Asien, wo große Länder wie Indonesien, Pakistan und Bangladesch sich noch stärker auf die Vertiefung der Zusammenarbeit mit China und hoffentlich auch mit der Europäischen Union zubewegen werden. Schon während des Jahrzehnts 2014 bis 2023 hat China mehr als 60 Mrd. USD direkt in Indonesien investiert, doppelt so viel wie die USA. Jetzt könnten diese Unterschiede noch größer werden.

Indien wird in diesem strategischen geopolitischen Spiel eine Schlüsselrolle spielen und, wie schon seit Jahren geschehen, geschickt zwischen den USA, China und Russland manövrieren. Sie kooperieren auf verschiedenen Ebenen mit allen, versuchen, die US-chinesische, sinorussische (Russland und China kooperieren in einigen Bereichen und konkurrieren in anderen) und russisch-amerikanische Rivalität zu ihrem Vorteil zu nutzen. Man muss zugeben, dass der indische Premierminister Narendra Modi dies mit großer Geschicklichkeit tut; andere sollten sich ein Beispiel an ihm nehmen. Wenn nötig, trifft er sich mit Präsident Putin in Kazan beim BRICS-Gipfel,[1] verhandelt mit Präsident Xi Jinping in Wuhan oder kokettiert mit Präsident Trump, der daran großen Gefallen findet. Während seines Besuchs im Weißen Haus, wo er als vierter aufeinanderfolgender Führer eines ausländischen Landes empfangen wurde (die Premierminister Benjamin Netanyahu von Israel und Shigeru Ishiba von Japan sowie König Abdullah II. von Jordanien waren zuerst zu Gast), sagte Premierminister Modi: „Um einen Ausdruck aus den USA zu entlehnen, ist unsere Vision für ein entwickeltes Indien ‚Make India Great Again', oder MIGA. Wenn Amerika und Indien zusammenarbeiten, wenn es MAGA plus MIGA ist, wird es MEGA – eine mega Partnerschaft für den Wohlstand."[2]

Heute ist die chinesische Wirtschaft nicht mehr so eng mit den USA verknüpft wie noch vor einigen Jahren.[3] China hat seine internationale wirtschaftliche Position gestärkt, indem es Handelsabkommen mit mehreren Ländern in Afrika, Südamerika und Südostasien abgeschlossen hat und derzeit der größte Handelspartner von mehr als 120 Ländern ist. In diesem Zusammenhang wird die Erosion der US-Führung und ihrer Glaubwürdigkeit, die durch die destabilisierenden Aktionen ihrer neuen Regierung verursacht wird, China zugutekommen. Einer der Gründe dafür ist, dass Peking im Gegensatz zu Washington in der Zeit nach der Covid-19-Pandemie wichtige internationale Institutionen wie die Weltbank, die Welthandelsorganisation, die Weltgesundheitsorganisation (WHO) und die Organisation der Vereinten Nationen für Bildung, Wissenschaft und Kultur (UNESCO) sowie das Pariser Klimaabkommen unterstützt hat.

In den ersten Tagen von Trump 2.0 haben die US-europäischen Beziehungen die Führung in den globalen Angelegenheiten übernommen, aufgrund der Reibungen, die einerseits aus den protektionistischen Maßnahmen der Washingtoner Regierung und andererseits aus den wachsenden Dilemmata resultieren, die bereits innerhalb der Europäischen Kommission und der NATO-Zentrale in Brüssel auftreten. Langfristig – sobald die Spannungen in den Nordatlantik-Beziehungen nachlassen – wird das wichtigste Element der internationalen Beziehungen, mit grundlegenden Auswirkungen auf die ganze Welt, die Beziehung zwischen den USA und China sein. Bevor sich diese Beziehung verbessert, was nicht so bald sein wird, wird sie sich zunächst verschlechtern. Dies wird auch in wirtschaftlicher Hinsicht geschehen, mit negativen Folgen nicht nur für die beiden unvereinbaren Parteien dieses Konstrukts, die manchmal als Chimerica bezeichnet wird, sondern auch für andere Länder.

China wird seinen derzeitigen politischen Kurs beibehalten. Je größer die amerikanische Sinophobie ist – und sie wird durch die Auswahl von manchmal extrem anti-chinesischen Personen für bestimmte Führungspositionen in der neuen US-Regierung angeheizt –, desto mehr werden sie versuchen, ihren Einfluss auf der internationalen Bühne zu erhalten und weiter auszubauen. In erster Linie wird China dies aus Sorge um seine eigenen Interessen tun, denn es braucht keine Dominanz über die Außenwelt und muss keine Hegemonialmacht sein, was ohnehin unrealistisch ist. China wird seine ausländische Wirtschaftsexpansion fortsetzen wollen, um das Wirtschaftswachstum auf dem höchstmöglichen Niveau zu halten. Die spürbare Verbesserung der Lebensbedingungen der Bevölkerung, die auf diesem Wachstum basiert, legitimiert das dortige Einparteiensystem. Die regierende Partei mag sich immer noch „kommunistisch" nennen, aber sie ist aus pragmatischen Gründen an der Macht, akzeptiert das Streben privater Unternehmen nach Gewinn ebenso wie enorme Einkommens- und Vermögensungleichheiten oder erhebliche Arbeitslosigkeit. Solange die Partei liefert, was das Volk erwartet – und sie erwarten vor allem eine fortgesetzte Verbesserung ihres Lebensstandards –, kann sie an der Macht bleiben.

Eine zunehmende wirtschaftliche Offenheit, die Zusammenarbeit mit anderen Regionen und Ländern, ausländische Direktinvestitionen, die Teilnahme am regelbasierten Handel der WTO, Technologietransfer, die Stärkung von zivilgesellschaftlichem Austausch – dies sind positive und pragmatische Antworten auf Entwicklungsprobleme. In einer Ära, in der die internationale Situation turbulent entwickelt, muss jede Möglichkeit zur Verbesserung der Außenbeziehungen klug genutzt werden. China macht dies geschickt. Zum Beispiel nutzten sie den BRICS+[4]-Gipfel, um die Einführung eines Systems internationaler Finanztransfers zu diskutieren, das nicht auf dem USD basiert. Jetzt werden sie im Kontext der Radikalisierung der Außenpolitik des Weißen Hauses die konzeptionelle und praktische Arbeit an einem alternativen Abwicklungssystem intensivieren. Ein wachsender Anteil der chinesischen Exporte und Importe mit verschiedenen Ländern wird nicht in Dollar, sondern in Yuan fakturiert und abgewickelt. Ihr Anteil an den Devisenreserven vieler Länder wird ebenfalls steigen, obwohl der Dollar weiterhin dominieren wird.

Chinas Politiker und Diplomaten nutzen verschiedene internationale Foren, um mit Ländern zu sprechen und intensiv zu verhandeln, die Konflikte von Interessen lösen wollen, viele nicht nur in so locker gekoppelten Strukturen wie den BRICS oder der Asiatisch-Pazifischen Wirtschaftskooperation, APEC, sondern auch in der weit stärker integrierten Europäischen Union, mit der China die bestmöglichen wirtschaftlichen Beziehungen pflegen will. Die EU sollte dies pragmatisch nutzen, ohne eine voreingenommene Position in der Rivalität zwischen China und den USA einzunehmen, zu der letztere nun noch stärker drängen werden. Solche Überredungsversuche werden wenig nützen, denn mit der Aggressivität der Politik, die unter dem Namen MAGA praktiziert wird und in mehr als einer Hinsicht anti-europäisch ist, könnte China de facto ein wirtschaftlicher Verbündeter Europas, insbesondere der Europäischen Union, werden. Je früher dies von der politischen Elite in Peking und Brüssel erkannt wird, desto besser.

Statt die antagonistische Aufteilung in den Westen, angeführt von den Vereinigten Staaten, zusammen mit der ihm untergeordneten Europäischen Union, und den Osten, angeführt von China zu akzeptieren – zwei große Sphären der Welt, die sowohl direkt als auch indirekt um Einfluss im sogenannten Globalen Süden konkurrieren –, ist es besser, zwei friedlich konkurrierende Mega-Systeme zu sehen: euro-atlantisch und eurasisch. Die Europäische Union gehört zu beiden und sollte von dieser Tatsache effektiv für ihre eigene sozioökonomische Entwicklung profitieren. Was nicht unbedingt sicher ist, wie die Economist Intelligence Unit, Schwesterorganisation der Wochenzeitschrift „The Economist", ausführt: „Langfristig werden sich ein westenfeindlicher Block (angeführt von China und Russland) und ein westlich orientierter Block (angeführt von den USA und der EU) in der geopolitischen Landschaft verfestigen und wirtschaftliche und militärische Hebel einsetzen, um Länder zu umwerben, die mit keiner Seite verbunden sind. Wir erwarten, dass sich dieser Wettbewerb um Einfluss schnell über Asien hinaus nach Afrika, den Nahen Osten und Lateinamerika ausweiten wird, was die Entkopplung der beiden größten Volkswirtschaften der Welt weiter beschleunigen wird."[5]

Ich bin mir überhaupt nicht sicher, dass sich diese Blöcke „verfestigen" werden; nicht unbedingt. Entgegen dem Anschein gibt es mehr Unterschiede und weniger Gemeinsamkeiten zwischen ihnen. Sicher können wir sein, dass ihre innere Entwicklung und Verschiebungen in den äußeren Verbindungen sowohl untereinander als auch mit externen Partnern stattfinden werden. Ich glaube, wir stehen am Ende des Westens, wie wir ihn kennen. Und falls noch nicht, kann es mit Trumpismus und Trumponomics schnell passieren.

Jemand mag die Ansicht teilen, dass die einzige Sorge des Präsidenten eines Landes das Wohlergehen seiner Bürger sein sollte. Möglicherweise trifft das zu, wenn ein solches Land eine Insel ist, die von anderen isoliert ist. Aber das ist nie der Fall. In der modernen Welt sind Länder und ihre Wirtschaften durch ein komplexes Beziehungsnetz miteinander verbunden, und es kann nicht ignoriert werden, dass das, was in einigen von ihnen getan wird, die Positionen anderer beeinflusst. Vom US-Präsidenten kann erwartet werden, dass er, während er sich in erster Linie um die Amerikaner kümmert, andere nicht völlig ignoriert. Das macht er jedoch, wenn er seinem Merkantilismus und Protektionismus gegen die gute Seite der Globalisierung den Rücken kehrt, die nicht in den Mülleimer geworfen werden sollte, sondern modifiziert werden sollte, um die Verfolgung eigener Ziele in positiver Synergie mit anderen, statt auf ihre Kosten, zu ermöglichen. Dies ist möglich und wünschenswert. Schließlich war die Globalisierung der entscheidende Faktor beim Rückgang der Zahl der Menschen, die in extremer Armut leben (über weniger als 2,15 USD pro Tag verfügen), von rund zwei Milliarden im Jahr 1990 auf rund 700 Mio. ein Vierteljahrhundert später, 2024.

Nun könnte dieser Trend umgekehrt werden, und dieser bemerkenswerte Erfolg könnte teilweise verloren gehen. Je öfter Präsident Trump von „America First" spricht, desto öfter wiederholt der chinesische Führer Xi Jinping „shuāngyíng" – Win-Win –, wobei er eine inklusive Globalisierung (in der natürlich China eine führende Rolle spielen würde) im Sinn hat. Wenn sie all dies sehen und hören, werden andere praktische Schlussfolgerungen zu ihrem eigenen Nutzen ziehen. Infolgedessen wird China mehr Unterstützer in der Welt haben und die Vereinigten Staaten weniger Verbündete. Abweichungen von diesem Trend werden auftreten, wenn die Erpressungspakete der USA überzeugend genug sind, wie im Fall der Drohungen gegen Panama, die es dazu bewogen haben, sich von der Teilnahme an Chinas Belt and Road Initiative (BRI) zurückzuziehen. Es ist immer besser, keine chinesischen Investitionen zu haben, als das US-Militär im eigenen Land zu haben …

Allerdings könnte der lateinamerikanische Anti-Amerikanismus einige andere Länder der Region in Richtung China neigen. Kolumbien hat sich der BRI angeschlossen und eine neue Schifffahrtsroute nach Shanghai eröffnet, die den Hafen von Chancay in Peru nutzt, den größten in Südamerika, der von den Chinesen gebaut wurde und im Herbst 2024 in Anwesenheit des chinesischen Präsidenten eröffnet wurde, der auf dem Weg zum G20-Gipfel in Rio de Janeiro dort Halt machte.

Notes

1. Das Akronym BRICS stammt von den Anfangsbuchstaben der Namen der Länder, die von dieser Vereinbarung abgedeckt sind, die als Gegengewicht zur G7, einer Gruppe von wohlhabenden und großen industrialisierten Ländern, gedacht ist. Ursprünglich waren es 2003 Brasilien, Russland, Indien und China, also BRIC, und nach dem Beitritt von Südafrika im Jahr 2011 wurde es zu BRICS.
2. „Key takeaways from Donald Trump's meeting with India's Narendra Modi", „aljazeera.com", 14. Februar 2025 (https://www.aljazeera.com/news/2025/2/14/key-takeaways-from-donald-trumps-meeting-with-indias-narendra-modi; Zugriff am 15.02.2025).

3. Grzegorz W. Kolodko, „China and the Future of Globalization: The Political Economy of China's Rise", Bloomsbury I. B. Tauris, London – New York, 2020.
4. BRICS+, weil seine ursprünglichen Mitglieder im Jahr 2024 um Saudi-Arabien, Ägypten, Äthiopien, Iran und die Vereinigten Arabischen Emirate erweitert wurden. Dominiert von China und Indien beherbergten die zehn BRICS+-Länder insgesamt 3,64 Mrd. Menschen im Jahr 2024 (45,21 % der Weltbevölkerung), die 26,8 % des globalen Bruttoinlandsprodukts erzeugten. Anfang 2025 traten Belarus, Bolivien, Kuba, Indonesien, Kasachstan, Thailand, Uganda und Usbekistan als Partnerstaaten dieser schwach institutionalisierten Formation bei. Auch die Türkei, Aserbaidschan und Malaysia streben eine Mitgliedschaft an.
5. „What does the Ukraine crisis mean for the US?", The Economist Intelligence Unit, London, 12. April 2022 (https://www.eiu.com/n/what-does-the-ukraine-crisis-mean-for-the-us/; Zugriff am 15.02.2025).

7

Chinismus, MAGA und Rússkiy mir

Verbündete der praktischen Vernunft sollten sich um die Ausgewogenheit der Großmächte bemühen, die in der geopolitischen Neuordnung gefangen sind, aber vorsichtig sein, keine zu tiefgreifende Wende herbeizuführen, die einen Wechsel von einem Zustand asymmetrischer Machtverhältnisse in einen anderen auslösen könnte. Während eine gewisse Stärkung von Chinas relativer Position auf Kosten der relativen Schwächung der USA für das globale geopolitische Gleichgewicht vorteilhaft sein und eine sinnvolle Entwicklung der Weltwirtschaft fördern kann, ist eine übermäßige Verschiebung in der gegenseitigen Ausrichtung von Chimerica keineswegs wünschenswert. Ein starkes China sollte uns nicht beunruhigen, aber wir sollten uns Sorgen machen, wenn es zu stark wird.

Der Streit über die Natur des chinesischen Systems ist nicht neu, zumindest außerhalb Chinas, wo seit drei Generationen konsequent behauptet wird, dass wir es mit Sozialismus zu tun haben, wobei höchstens Merkmale hinzugefügt werden, die sich im Laufe der Zeit ändern. Als ich 1989 zum ersten Mal im Reich der Mitte war, hatte ich keinen Zweifel daran, dass es sich um ein sozialistisches Land handelte, obwohl der Sozialismus dort anders war als der Sozialismus, den wir aus Zentral- und Osteuropa kannten. Wenn ich heute China besuche, habe ich Zweifel, ob es noch Sozialismus ist, und gleichzeitig bin ich mir nicht sicher, ob es bereits Kapitalismus genannt werden kann. Womit haben wir es also zu tun? Handelt es sich einfach um eine Übergangsphase von einer Struktur zur anderen oder um etwas systemisch anderes, das einen eigenen Namen verdient?

Diejenigen, die China ein kapitalistisches System zuschreiben möchten, glauben, dass Eigentumsverhältnisse das entscheidende Kriterium darstellen. Zu Beginn dieses Jahrhunderts generierte der Privatsektor dort etwa 52 % des nationalen Einkommens. Heute schaffen private Unternehmen laut offiziellen Pekinger Quellen mehr als 60 % des BIP und stellen mehr als 80 % der Beschäftigung. Die Angelegenheit ist jedoch komplizierter, da es in vielen Fällen schwierig festzustellen ist, ob wir es mit privatem oder staatlichem Eigentum zu tun haben, da es verschiedene Zwischen- und Mischformen gibt. Wichtig ist hier nicht nur das traditionelle Verständnis der Eigentumsformen, sondern auch Veränderungen im Bereich der Governance und der staatlichen Eigentumsaufsicht.

Auch nicht ökonomische Beziehungen sind von Bedeutung. Während einige das autoritäre System betonen, behaupten andere, es handle sich um eine funktionale Meritokratie. Während einige von der Raffinesse der High-Tech-Unternehmen und ihrer internationalen Wettbewerbsfähigkeit begeistert sind, weisen andere auf Fälle von Nichtbeachtung der Grundsätze des Schutzes geistigen Eigentums hin. Während einige befürchten, dass das großartige Programm der Neuen Seidenstraße eine Manifestation des chinesischen Imperialismus ist, betonen andere die Unterstützung, die armen Volkswirtschaften bei ihren Bemühungen um Überwindung der Rückständigkeit gewährt wird.

Genau wie vor 35 Jahren, zu Ende des vorherigen Kalten Krieges nach dem Zusammenbruch der Sowjetunion, wäre es naiv zu erwarten, dass die Vereinigten Staaten mit ihrer wirtschaftlichen, einschließlich finanziellen, sowie politischen und militärischen Macht „die Welt retten" und letztlich zu ihrem progressiven Führer werden. Ebenso naiv wäre es heute, Ähnliches von China zu erwarten. Sie haben weder die Mittel noch – im Gegensatz zu den USA – den Willen dazu, wie einige vermuten und andere ihnen sogar vorwerfen. China will die Welt nicht dominieren, sondern nur die Globalisierung zu seinem eigenen Vorteil nutzen, nicht unbedingt auf Kosten anderer, sondern manchmal sogar zu deren Hilfe. Aber die Bedenken hinsichtlich einer Abhängigkeit von China sind verständlich, angesichts der großen Handelsdefizite mit China und des Risikos einer übermäßigen Durchdringung einheimischer Unternehmen und Wirtschaftssektoren durch chinesisches Kapital. Es ist auch notwendig, vorsichtig zu sein, um nicht in die Falle der Überschuldung zu geraten. Gleichzeitig werden in einigen Hauptstädten unrealistische Annahmen getroffen, dass China ihnen helfen wird, innenpolitische Probleme zu lösen, mit denen lokale Behörden und Unternehmer nicht fertig werden können, und diese sind mehr an China interessiert als China selbst an ihnen.

Die Wirtschaft Chinas hat sich verlangsamt. Im Jahr 2024 stieg das BIP um etwa fünf Prozent, was von vielen bewundert wird, aber deutlich weniger ist als in der Vergangenheit. Peking versucht, den Verlust an Entwicklungsdynamik durch die Veränderung der internen Wachstumstreiber von einer massiven Investitionsexpansion zu einem stärker konsumgetriebenen Wachstum auszugleichen, während die Kapitalexporte erhöht und verschiedene ausländische Direktinvestitionen angestrebt werden. Während einige eine solche Entwicklung begrüßen, weil sie das Kapital und die Technologie benötigen, über die China verfügt, machen sich andere Sorgen, weil ihre relative Position in der Weltwirtschaft schwächer wird. Es gibt hier keine einfache Analogie, aber einige Vergleiche mit der japanisch-amerikanischen Rivalität der Vergangenheit kommen in den Sinn. Japan hat den Krieg verdientermaßen verloren und, obwohl es sieben Jahre lang von den Vereinigten Staaten besetzt war, konnte es seine Wirtschaft schnell auf einen Kurs des schnellen Wachstums bringen. Während in dem Jahrzehnt von 1960 bis 1969 die durchschnittliche jährliche Wachstumsrate des BIP in den USA mit 4,5 % recht beachtlich war, lag sie in Japan bei bis zu 10,4 % (bei dieser Rate verdoppelt sich das Einkommen nach sieben Jahren). Im folgenden Jahrzehnt, 1970 bis 1979, betrugen die jeweiligen Wachstumsraten 3,2 und 5,2 %. Insgesamt wuchs das japanische BIP in den beiden Jahrzehnten von 1960 bis 1979 um 347 %, während das BIP der USA um 113 % zulegte. Japans Beschleunigung war das Ergebnis einer damals einzigartigen Politik des staatlichen Interventionismus, die einige südostasiatische Länder später mit unterschiedlichem Erfolg zu emulieren versuchten.[1] Die hegemoniale Position der USA wurde jedoch durch die Expansion Japans infrage gestellt, angesichts der Größe seiner Wirtschaft und der damals noch wachsenden Bevölkerung. Obwohl die beiden Länder, die auf gegenüberliegenden Seiten des Pazifiks liegen, innerhalb desselben politischen Lagers enger zusammenrückten, waren ihre wirtschaftlichen Beziehungen angespannt. Es wäre schwierig, sie als freundlich zu bezeichnen.

Die Friedenszeit war angebrochen und der Kalte Krieg wurde an anderen Fronten ausgetragen. Japan und die USA wurden in diesem Kalten Krieg Verbündete – und blieben es bis heute –, aber das hinderte Washington und Tokio nicht daran, einen Handelskrieg zu führen. Michael Crichton rief in einem ausgezeichneten Thriller die in den Korridoren der Macht in Tokio kursierende Aussage in Erinnerung, dass Handel Krieg ist.[2] Japan wollte ihn gewinnen, oder genauer gesagt, war das eine Möglichkeit, sich für die demütigende Niederlage zu revanchieren, die ein, zwei Generationen vorher im Heißen Krieg erlitten wurde. In Washington wollten sie den Krieg natürlich auch gewinnen. Eine Reihe von Beschränkungen und Protektionismus sollten das Wachstumstempo der Wirtschaft eines vermeintlichen Freundes, aber zugleich Rivalen, verlangsamen. Über eine lange Zeit hinweg funktionierte das nicht, aber zusammen mit anderen Faktoren hatte es im Laufe der Zeit den gewünschten Effekt für die USA. In Bezug auf Japan wird oft gesagt, dass zwei Jahrzehnte verschwendet wurden. Aus Sicht der BIP-Niveaus kann man das so beschreiben: 2023 war das BIP des Landes der aufgehenden Sonne nur geringfügig größer als zwanzig Jahre zuvor, 2003, mit 4,61 Billionen und 4,07 Billionen USD. In diesen Jahren betrug das BIP der USA 22,06 Billionen und 14,48 Billionen USD. Mit anderen Worten: Während das BIP in den USA über den Zeitraum von zwei Jahrzehnten um 56 % wuchs, wuchs es in Japan um 13 % (Daten der Weltbank zu konstanten Preisen von 2015).

Etwas Ähnliches wird derzeit von den Amerikanern in Bezug auf China geträumt, aber diesmal ist es ein Traum, der unmöglich wahr werden kann. Die Unterschiede in den Wachstumsraten von China und den USA in den nächsten zwei Jahrzehnten werden kleiner sein als in den vorherigen zwanzig Jahren, aber wenn nicht außergewöhnliche Umstände auftreten, wird die durchschnittliche Wachstumsrate der chinesischen

Wirtschaft immer noch höher sein als die der USA. Einer der Hauptgründe für solche Trends ist der relativ größere Anteil der industriellen Produktion am chinesischen BIP, der von Natur aus schneller wächst als Dienstleistungen. Der Anteil letzterer ist stetig gesunken, ist aber immer noch mehr als doppelt so hoch wie in den USA; die jeweiligen Verhältnisse betragen 38,3 und 17,6 % (Daten der jüngsten Jahre, für die verifizierte Daten verfügbar sind).

Es wird ein großes Machtspiel gespielt, um die Globalisierung zu rechtfertigen. Neben Sicherheits- und Umweltbedenken ist dies die Frage des „Sein oder Nichtsein" für unsere Zivilisation. China kann erheblich dazu beitragen, die gewünschte Zukunft mitzugestalten, globale Gefahren und das Risiko einer großen Katastrophe weit über das wirtschaftliche Feld hinaus zu begrenzen. Die Welt wird wahrscheinlich eine solche Katastrophe erleben, wenn die Wirtschaft einerseits wieder auf den neoliberalen Business-as-usual-Kurs gelenkt wird und wenn andererseits die Eskalation eines neuen Nationalismus, einschließlich – oder vielleicht gerade wegen – des wirtschaftlichen „Made in USA" nicht eingedämmt wird. Wir können nur hoffen, dass keines von beiden passiert, und das ist – für viele paradoxerweise – größtenteils China zu verdanken.

Von allen großen Ländern hat China am meisten von der Globalisierung profitiert – verstanden als langfristiger Prozess der Liberalisierung und Integration von zuvor etwas isolierten nationalen Volkswirtschaften in einen interdependenten Weltmarkt für Waren, Kapital und Technologie. Sofort stellt sich die Frage: Hat es genug zurückgegeben? Wahrscheinlich hat China in Bezug auf Technologietransfers mehr für sich genommen, als es anderen gegeben hat, obwohl sich die Situation in dieser Hinsicht in letzter Zeit ebenfalls verändert hat. Nach einer anfänglichen Phase der Aufnahme bedeutender ausländischer Direktinvestitionen, die China klug – wie niemand sonst – genutzt hat, um seine eigene industrielle Basis zu modernisieren und zu erweitern, hat es begonnen, selbst mehr im Ausland zu investieren, als die restliche Welt in China investiert. Während es früher hauptsächlich Investitionen aus hochentwickelten Ländern anzog und von dort fortschrittliche Technologien übertrug, investiert China nun hauptsächlich in ärmere Länder und unterstützt deren Entwicklung durch Bereitstellung eigener fortschrittlicher Technologien.

Wen stört das? Warum ist es so, dass wir, statt China für seinen Beitrag zur Entwicklung nicht nur seiner eigenen Wirtschaft, sondern auch zur Stimulierung der Entwicklung der Weltwirtschaft und zur Hilfe für andere zu loben, oft kritische, sogar verurteilende Meinungen über die chinesische Expansion hören? Dies sorgt für Irritationen und ungesunden Neid, insbesondere auf der anderen Seite der Ozeane – dem Atlantik, wenn man von Europa aus schaut, und dem Pazifik, wenn man von Asien aus schaut. Laut einigen meinungsbildenden Gruppen hat China hegemoniale Tendenzen und seine wirtschaftliche Expansion sowie politische und diplomatische Aktivitäten sollen ihnen dienen. „China hat den Ehrgeiz, eine Alternative zu den in globalen Institutionen verankerten Werten zu schaffen. Es würde Konzepte wie Demokratie, Freiheit und Menschenrechte neu interpretieren, um seiner eigenen Präferenz für Entwicklung gegenüber individueller Freiheit und nationale Souveränität gegenüber universellen Werten gerecht zu werden."[3]

Dennoch sind es die amerikanischen „Werte, die, so unvollkommen sie auch realisiert werden, Menschen aus aller Welt auf eine Weise anziehen, wie es der chinesische Kommunismus nicht tut."[4] Doch jetzt – während des Trumpismus – werden sie immer weniger anziehen. Aufgrund der pro-entwicklungsorientierten Ausrichtung der Belt and Road Initiative (BRI) und insbesondere des positiven Beispiels, das die Errungenschaften des chinesischen Weges aus der Armut setzen, verlieren amerikanische Werte in den Augen der wirtschaftlich weniger entwickelten Länder an Attraktivität, während chinesische Werte immer attraktiver werden. Sie werden niemandem auf die Weise aufgezwungen, wie es der „chinesische Kommunismus" angeblich tut, denn dort gibt es keinen Kommunismus mehr; wenn nicht seit dem Zusammenbruch der maoistischen Ideologie und Praxis vor zwei Generationen, dann sicherlich seit dem Beginn des 21. Jahrhunderts und Chinas Beitritt zur WTO.

Das chinesische System ist weder Kommunismus noch „Sozialismus mit chinesischen Merkmalen" (obwohl der Begriff sehr interpretativ ist), wie es ständig von Pekings Führern behauptet und von unzähligen Sozialwissenschaftlern nachgeahmt wird. Es ist auch kein Kapitalismus, der von einigen mit dem Adjektiv „politisch" geschmückt wird.[5] Es ist ein originelles Regime, das ich als Chinismus bezeichne,[6] das ein politisches und sozioökonomisches System ist, das unter autoritärer und Einparteienherrschaft, aber gleichzeitig durch Meritokratie und Technokratie, effektiv aus der Sicht des übergeordneten Ziels der schnellen Entwicklung die Kräfte der berühmten unsichtbaren Hand des Marktes mit der sichtbaren (wenn auch in den letzten Jahren zu sichtbaren) Hand des Staates kombiniert.

Machiavelli argumentierte in „Der Fürst" (1513), es sei gut, wenn das Volk den Fürsten fürchte. Erasmus hingegen argumentierte in „Die Erziehung eines christlichen Fürsten" (1516), es sei besser, wenn er geliebt werde, und um geliebt zu werden, sei es notwendig, eine gute humanistische Bildung zu erhalten. Konfuzius hatte zwei Jahrtausende früher einen noch anderen Ansatz und glaubte, es sei am besten, wenn ein Führer geliebt werde, das Volk aber gleichzeitig etwas Angst vor ihm habe. Das letzte Modell scheint vom chinesischen Staatsoberhaupt, Xi Jinping, verfolgt zu werden. Sein Gegengewicht, der amerikanische Präsident Donald Trump, möchte wahrscheinlich immer mehr geliebt werden, aber das wird nicht der Fall sein. Liebe muss verdient werden.

Die Position der Europäischen Union hat sich leider in den letzten Jahren geschwächt. Der US-chinesische Konflikt, der in den kommenden Jahren eskalieren wird, stellt sowohl eine Bedrohung als auch eine Chance für die EU dar. Ohne eine klare strategische Vision, eine kohärente Führung und effiziente Integrationsmechanismen werden die Risiken überwiegen. Leider fehlen alle diese drei Faktoren und es besteht die Gefahr, dass die Europäische Kommission in ihrer jetzigen Zusammensetzung der Flut an Herausforderungen nicht gewachsen sein könnte. Die politischen und wirtschaftlichen Extravaganzen des Partners von der anderen Seite des Atlantiks sind eine Zeit großer Prüfung für sie.

Wir haben uns in einer wahnsinnig komplizierten Situation wiedergefunden. Europa als Ganzes ist zunehmend davon überzeugt, dass es eine engere Zusammenarbeit über die Grenzen hinweg benötigt, die es teilen. Heute scheitert es nicht nur daran, mit der Wettbewerbsfähigkeit der US-Wirtschaft fertig zu werden. Auch asiatische Länder drängen viele europäische Unternehmen aus dem globalen Markt. Gleichzeitig erschweren sie es den europäischen Unternehmen, auf ihren Märkten zu expandieren, da sie in der Lage sind, sie selbst mit modernen Produkten zu versorgen. Als Reaktion auf diese Herausforderungen sollte die Europäische Union ihre interne Integration mit angemessener Institutionalisierung und Regulierung vertiefen, in Bezug auf Technologie, Investitionen, Bevölkerungsmigration, Umwelt- und Klimaschutz, öffentliche Finanzen und Geldpolitik, einschließlich der Erweiterung der Eurozone. Was Letzteres betrifft, so geht es um mehr als nur den Beitritt Bulgariens zur gemeinsamen Währungszone Anfang 2026.

Im Gegensatz zu dem, was unter dem Einfluss von Nationalismus und Populismus geschieht, sollten die Befugnisse des Europäischen Parlaments, der Europäischen Kommission und der Europäischen Zentralbank zunehmen, und dafür eine Reduzierung der Prärogativen der Behörden der Mitgliedstaaten in Kauf nehmen. Darüber hinaus ist es erforderlich, die Koordination mit dem Vereinigten Königreich zu vertiefen, nachdem es die Union verlassen hat, und mit Norwegen, das nicht beitreten wollte. Die Europäische Union muss in jeder Hinsicht unterstützt werden, einschließlich ihrer Erweiterung und tieferen Integration und dem Beitritt zur Eurozone von Ländern, die dies noch nicht getan haben. Dies wird die Wettbewerbsfähigkeit und die wirtschaftliche Sicherheit der Union verbessern.

Die Europäische Union ist zwischen mächtige Kräfte geraten, die die Welt um ihrer egoistischen Interessen willen destabilisieren. Während Sie befürchten, dass sie sich durch die Unvorsichtigkeit ihrer eigenen Handlungen schaden, ist ihr Verhalten für die EU ein Albtraum. Zuerst gab es das nationalistische und aggressive Russland mit seinem Rússkiy mir (Русский мир), der russischen Welt, auf der einen Seite, jetzt die USA mit ihrem krankhaften MAGA auf der anderen. Ein russischer Kriegsverbrecher im Kreml und ein amerikanischer politischer Unruhestifter im Weißen Haus …

Die Situation Polens ist speziell – es ist extrem anti-russisch und gleichzeitig auf unterwürfige Weise proamerikanisch. Während die tief in der Geschichte verwurzelte Russophobie teilweise gerechtfertigt ist, wird die Unproduktivität der Unterwürfigkeit gegenüber dem Partner von jenseits des Atlantiks erst jetzt wie die sprichwörtliche Katze aus dem Sack gelassen. Während der Übergang zu einer Phase gutnachbarschaftlicher Beziehungen mit Russland viele Jahre, wenn nicht Jahrzehnte, dauern muss, erscheint auch eine echte Partnerschaft mit den USA vage und weit entfernt von gegenseitigem Nutzen. Es sei denn, man lässt sich davon täuschen, wie den polnischen Militaristen von ihren US-Sponsoren auf die

Schultern geklopft wird, die schließlich in ihrem eigenen Interesse verkünden, dass Polen mit seinen rekordhohen Militärausgaben ein gutes Beispiel zur Nachahmung setzt. Einige prominente Politiker könnten nach Washington fliegen, um allen, die benötigt werden, zu versichern, dass wir weiterhin tapfer fünf Prozent des BIP oder mehr für die sogenannte nationale Verteidigung aufwenden. Aber selbst mit gleichzeitigen Zusicherungen, dass der Löwenanteil der erhöhten Ausgaben an das US-Rüstungsgeschäft gehen wird, wird dies nicht ungeschehen machen, was der polnische Premierminister unklugerweise über den amerikanischen Präsidenten gesagt hat, indem er andeutete, „dass er russische Verbindungen hätte",[7] welche so eifrig von den regierungskritischen Medien in der Hitze des polnischen kalten Bürgerkriegs in Erinnerung gerufen werden. Leider sind die regierungskritischen Medien nicht die einzigen, denn auch die Welt wird daran erinnert. Das passiert, wenn eine der meistgelesenen Wochenzeitungen in Meinungs- und Entscheidungskreisen schreibt: „Herr Tusk hat Herrn Trump unklugerweise beleidigt, als dieser nicht im Amt war."[8]

Während seines Besuchs in Warschau sagte der US-Verteidigungsminister Pete Hegseth: „Polen gibt bereits 5 % seines BIP für Verteidigung aus, was ein Modell für den Kontinent ist (…) Das sind erste Schritte. Es muss noch mehr getan werden."[9] Wir tun es nun also, wir stellen die Dinge auf den Kopf. Dies ist ein schlechtes Omen, wenn eine so vernünftige Person wie der Minister für Finanzen erklärt, dass „wir in Sicherheit investieren und die gesamte EU dazu mobilisieren müssen (…) es ist möglich, 20 Mrd. Zloty von Investitionen in grüne Selbstverwaltung in die Rüstungsindustrie umzuleiten. Dies erfordert jedoch einen Dialog mit der EU."[10] Statt zur pro-entwicklungsorientierten grünen Transformation zu anti-entwicklungsorientierten Militärausgaben. Statt die europäische Integration mit ihrer verantwortungsvollen strategischen Vision eines wettbewerbsfähigen, grünen und sozialen Europas zu fördern, werden wir uns auf ein Europa zubewegen, das sich auf das Militär und Rüstung konzentriert. Bald wird nicht Ungarn, sondern Polen – unter Berücksichtigung des anti-europäischen Kurses der wichtigsten Oppositionsparteien und des Euroskeptizismus' des neuen polnischen Präsidenten, der von Präsident Trump unterstützt wird und gerade für eine fünfjährige Amtszeit gewählt wurde – die Union auf eine rutschige Bahn drängen.

MAGA mit seinen Ideen und Interessen wird Erfolg haben, wenn es gelingt, die Anhänger des Rússkiy mir zu erschrecken. Dieses Konzept der „russischen Welt", das bis ins späte Mittelalter zurückreicht, wird mit Russlands geopolitischer Expansion in Verbindung gebracht, wobei die Invasion in die Ukraine ihre prominenteste zeitgenössische Manifestation ist. Für die jüngere Generation, die mit der russischen Sprache nicht vertraut ist, ist es wert zu erklären, dass das Wort *mir* sowohl Welt als, paradoxerweise, auch Frieden bedeutet. Rússkiy mir entspricht irgendwie MAGA, denn jemand könnte die Idee – und leider mehr als einmal die Praxis – als *Make Russia Great Again!* interpretieren. Wenn beide auf Kosten anderer groß sein wollen und diese Größe auf verschiedene Weisen verfolgen, können sich andere in einer äußerst unangenehmen Position wiederfinden. Und so geschieht es.

Notes

1. „The East Asian Miracle: Economic Growth and Public Policy", Die Weltbank, Washington D.C., 1993.
2. Michael Crichton, „Rising Sun", Knopf, New York, 1992.
3. „American power: indispensable or ineffective?", „The Economist", 26. Oktober 2023 (https://www.economist.com/leaders/2023/10/26/american-power-indispensable-or-ineffective; Zugriff am 17.02.2026).
4. *Ebenda.*
5. Branco Milanovic, „Capitalism, Alone: The Future of the System That Rules the World", Belknap Press, Cambridge, Massachusetts & London, England, 2019.
6. Grzegorz W. Kolodko, „Chinism and New Pragmatism: How China's Development Success and Innovative Economic Thinking Contribute to the Global Development", PrunuSts Press, USA, 2022.
7. Anne Applebaum, „Donald Tusk. Wybór" („Donald Tusk. The Choice"), Wydawnictwo Agora, Warschau, 2021, S. 261.
8. „Which European should face off against Trump and Putin?", „The Economist", 1. März 2025 (https://www.economist.com/europe/2025/02/25/which-european-should-face-off-against-trump-and-putin; Zugriff am 03.05.2025).

9. „Polska to wzór dla całej Europy – szef Pentagonu" („Polen ist ein Vorbild für ganz Europa – Pentagon-Chef"), „Wszystko co najważniejsze", (https://wszystkoconajwazniejsze.pl/pepites/polska-to-wzor-dla-calej-europy-szef-pentagonu/; Zugriff am 17.02.2025).
10. „20 mld zł na zbrojenia. Ministerstwo odkrywa karty" („20 Mrd. PLN für Rüstung. Das Ministerium legt seine Karten auf den Tisch"), „Business Insider Polska", 21. Februar 2025 (https://businessinsider.com.pl/gospodarka/20-mld-zl-na-zbrojenia-ministerstwo-odkrywa-karty/7rgh1n0; Zugriff am 21.02.2025).

8

Schädliche Politik

Als Los Angeles brannte, als wir aus wissenschaftlichen Untersuchungen der World Weather Attribution (WWA) erfahren haben, dass der Klimawandel die Hauptursache für heißes und trockenes Wetter ist, das verheerende Brände verursacht, und dass die Wahrscheinlichkeit solcher Wetterbedingungen als Folge eines wärmeren Klimas um 35 % steigt, ist es dann sinnvoll, sich von globalen Mechanismen zur Bekämpfung der Klimaüberhitzung zurückzuziehen? Wenn die Ozeane der Welt, die dazu beitragen, die gewünschte Temperatur des Planeten aufrechtzuerhalten, eine kleinere Eisschicht haben als jemals zuvor aufgezeichnet[1] – hat Washington dann recht, denen den Rücken zu kehren, die gegen das Brennen des globalen Ofens kämpfen? Wenn die Bewohner unseres Planeten basierend auf den Daten der Internationalen Meteorologischen Organisation (WMO) erfahren haben, dass die Erdtemperatur bereits um 1,55 Grad Celsius im Vergleich zur vorindustriellen Ära (die Durchschnittstemperatur zwischen 1850 und 1900) gestiegen ist – also über dem Limit liegen, vor dessen Überschreitung Klimawissenschaftler warnen, um erträgliche Lebensbedingungen aufrechtzuerhalten – ist es dann vernünftig, die USA aus dem Pariser Klimaabkommen zurückzuziehen?

© Der/die Autor(en), exklusiv lizenziert an Springer Nature Switzerland AG 2025
G. W. Kolodko, *Trumps zweite Amtszeit*,
https://doi.org/10.1007/978-3-032-02943-0_8

Dieses Abkommen wurde 2015 mit großer Mühe ausgearbeitet, mit erheblicher Beteiligung des 44. US-Präsidenten, Barak Obama. Heute hören wir aus dem Mund des Bewohners, der ihm 2017 ins Weiße Haus gefolgt ist, die leichtfertige Rechtfertigung, dass der Akt „does not reflect our country's values or our contributions to the pursuit of economic and environmental objectives. Moreover, these agreements steer American taxpayer dollars to countries that do not require, or merit, financial assistance in the interests of the American people." („nicht unsere Länderwerte oder unseren Beitrag zur Verfolgung von wirtschaftlichen und ökologischen Zielen widerspiegelt. Darüber hinaus lenken diese Abkommen amerikanische Steuergelder in Länder, die im Interesse des amerikanischen Volkes keine finanzielle Unterstützung benötigen oder verdienen.")[2] Dabei hat sich dieses mächtige Land, das für bis zu elf Prozent der Treibhausgasemissionen verantwortlich ist, die die Erdtemperatur erhöhen, den einzigen drei Ländern angeschlossen, die das Pariser Abkommen nicht unterzeichnet haben. Neben Iran und Libyen gehören dazu auch Jemen, das nur 0,07 % der globalen Emissionen ausmacht; in einem ganzen Jahr so viel wie die USA in zwei Tagen.

Soll es ein Jahr, nachdem ein Viertel einer Milliarde Kinder in 85 Ländern, meist solche mit Einkommen unter dem globalen Durchschnitt, aufgrund verschiedener Umwelt- und Klimaanomalien im Zusammenhang mit der Überhitzung der Erde wiederholt daran gehindert wurden, Schulen zu besuchen, vernünftig sein, einen „Notstand im Energiesektor" zu erklären und die finanzielle Unterstützung für den Ausbau der Infrastruktur für erneuerbare Energien im Rahmen des Green New Deal zu stoppen, der vor einigen Jahren von Präsident Biden initiiert wurde? Unter diesen Umständen hat der Befehl, Kommentare zum Klimawandel von Regierungswebsites zu entfernen, etwas Kindisches.

Schlimmer noch, diese katastrophalen Entscheidungen werden andere Länder ermutigen, diesem fatalen Abwärtstrend zu folgen. Einige europäische politische Führer, manchmal auch solche, die bis vor kurzem Befürworter einer möglichst schnellen Umstellung auf erneuerbare Energiequellen waren, plädieren bereits dafür, sich von dem Imperativ der grünen Transformation zu distanzieren.

Ist es vernünftig, sich aus der Weltgesundheitsorganisation (WHO) zurückzuziehen? Besonders in Zeiten, in denen das Risiko verschiedener

8 Schädliche Politik

Infektionskrankheiten, die auf der ganzen Welt auftreten und sich verbreiten, so hoch ist. Gesundheitsexperten bezeichnen diese Entscheidung von Präsident Trump als „katastrophal, verheerend und schädlich". Unmittelbar nachdem sie getroffen wurde, berichtete die BBC: „Es gibt auch Bedenken unter einigen Wissenschaftlern, dass dies die USA isolieren würde, wenn es um den Zugang zu Programmen wie Pandemievorbereitung und saisonaler Influenza-Stamm-Sequenzierung geht, die zur Entwicklung jährlicher Grippeimpfungen verwendet wird. Das könnte letztendlich die Gesundheit der Amerikaner und das nationale Interesse der USA schädigen."[3] Es wird Schaden anrichten, der Konjunktiv ist hier ist nötig. Umso mehr, als die neue Washingtoner Autorität darauf erpicht ist, die Ausgaben für bestimmte öffentliche Dienstleistungen zu kürzen, die wegen politischen Partikularismus' und des damit verbundenen Medienrummels von ihrem Wählerkreis nicht gemocht werden. Es sind nicht professionelle Analysen, die dafür verantwortlich sind, dass 88 % der demokratischen Anhänger den Centers for Disease Control and Prevention (CDC) vertrauen, während es bei den Republikanern nur 49 % sind.

Es ist beunruhigend zu sehen, dass die neue Regierung eines so wohlhabenden Landes wie den Vereinigten Staaten fast vollständig die ausländische Hilfe einstellt, bei einem jährlichen Pro-Kopf-Einkommen von 85.000 USD. Das ist mehr als das Sechsfache des weltweiten Durchschnitts; täglich ist es fast so viel, wie ein Bewohner des ärmsten Landes, Burundi, in einem ganzen Jahr verdient. Eine Sprecherin des Außenministeriums erklärte: „President Trump stated clearly that the United States is no longer going to blindly dole out money with no return for the American people." („Präsident Trump hat klar zum Ausdruck gebracht, dass die Vereinigten Staaten nicht länger blind Geld verteilen werden, ohne eine Gegenleistung für das amerikanische Volk zu erhalten").[4] Daher wird die ausländische Hilfe auf seinen Wunsch hin blockiert, alles im Namen der Wiederherstellung der Größe Amerikas ...

Währenddessen erfahren wir, dass die Vereinigten Staaten nach der transaktionalen Logik von Präsident Trump etwas im Gegenzug erhalten sollten, eine Art faire Entschädigung. Dies wurde am besten von Marco Rubio, dem Verantwortlichen für die Außenpolitik, zum Ausdruck gebracht, als er mitteilte: „Every dollar we spend, every program we fund, and every policy we pursue must be justified with the answer to three simple questions: Does it make America safer? Does it make America stronger? Does it make America more prosperous?" („Jeder Dollar, den wir ausgeben, jedes Programm, das wir finanzieren, und jede Politik, die wir verfolgen, muss mit der Antwort auf drei einfache Fragen gerechtfertigt werden: Macht es Amerika sicherer? Macht es Amerika stärker? Macht es Amerika wohlhabender?")[5] Geht es also um Investitionen, die sich auszahlen sollen, und nicht um Hilfe? Selbst so war diese Hilfe bereits extrem niedrig. 2023 betrug sie nur 72 Mrd. USD: 63,7 Mrd. in Wirtschaftshilfe (weniger als ein Viertel Prozent des US-BIP) und 8,3 Mrd. in militärischer Hilfe. Der Löwenanteil der wirtschaftlichen Unterstützung, bis zu 16 Mrd. USD, ging an einen einzigen Empfänger – die Ukraine.

Fast vollständig, da die militärische Unterstützung für Israels 9,5-Millionen-Bevölkerung aufrechterhalten wurde. 2023 belief sich diese auf 3,31 Mrd. USD, was etwas weniger ist als die gesamte wirtschaftliche Unterstützung, die insgesamt 325 Mio. Menschen in fünf armen afrikanischen Ländern – Kenia, Kongo (DRC), Mosambik, Tansania und Uganda – zur Verfügung gestellt wurde. Derselbe Betrag für Waffen wie für eine Bevölkerung, die über 30-mal größer ist, um Armut, Hunger, Krankheiten und Analphabetismus zu bekämpfen. Die Hilfe – auch fast vollständig militärischer Natur – an Ägypten (1,45 Mrd. USD im Jahr 2023) wurde nicht zurückgehalten.

Als ob eine Ausnahme von diesen drastischen Kürzungen gemacht worden wäre, werden einige zuvor in extrem kritischen Situationen gestartete Programme fortgesetzt, wie im Fall der Lebensmittelhilfe für den von verzweifelter Hungersnot geplagten Sudan. Die Realität hat jedoch das Gegenteil bewiesen. „Die Einfrierung der US-Humanitärhilfe hat zur Schließung von fast 80 % der Notfallküchen geführt, die eingerichtet wurden, um Menschen zu helfen, die durch den Bürgerkrieg im Sudan mittellos geworden sind. Freiwillige Helfer sagten, die Auswirkungen des Dekrets von Präsident Donald Trump, die Beiträge der US-Regierungsorganisation für Entwicklung (USAID) für 90 Tage einzufrieren, hätten dazu geführt, dass mehr als 1100 Gemeinschaftsküchen geschlossen wurden. Es wird geschätzt, dass fast zwei Millionen Menschen, die ums Überleben kämpfen, betroffen sind."[6]

8 Schädliche Politik

Es besteht kein Zweifel, dass der Wert der dorthin gelieferten Reissäcke weit geringer ist als der Wert der von verschiedenen Vermittlern, die USA nicht ausgenommen, gelieferten Waffen. Die Konfliktparteien in einem Bürgerkrieg müssen mit irgendetwas aufeinander schießen, auch wenn sie die Waffen und Munition nicht selbst produzieren.

Faszinierend ist, dass die prominente anglo-amerikanische Wochenzeitschrift „The Economist" in ihrer Kritik an dieser kompromittierenden Entscheidung noch weiter geht und feststellt, dass sie die USA eher schwäche als stärke. Und das liege daran, dass „eine ärmere Welt letztendlich auch Amerika ärmer machen wird. Die amerikanische Großzügigkeit ist nicht nur Wohltätigkeit. Ausländische Hilfe, die eine stabilere und wohlhabendere Welt schafft, liegt im besten Interesse Amerikas."[7] Es ist erstaunlich, dass ein Geschäftsmann wie Trump dieses spezielle Problem nicht versteht. Es überrascht nicht, dass die Abschaffung der Regierungsbehörde, die die wirtschaftliche und humanitäre Auslandshilfe koordiniert, die United States Agency for International Development (USAID) von einigen demokratischen Kongressabgeordneten als verfassungswidrig angesehen wird. In der Zwischenzeit beschuldigte Trump USAID selbst, sie werde „[to be] run by a bunch of radical left lunatics" („von einer Gruppe radikaler linker Verrückter geführt"). Jetzt, da sie vom Außenministerium aufgenommen und zu einem nützlichen Instrument der Außenpolitik gemacht wurde, wird sie vermutlich von einer Gruppe ruhiger rechter Normalbürger geführt. Die Diskussion darüber, wer in den USA verrückt ist, wird weitergehen. Es wird brenzlig ...

Die bittere Tatsache ist, dass andere, obwohl das Ausmaß nicht dasselbe ist wie im Fall der USA, ähnlich zu handeln beginnen. Als ob sie ihre zuvor vertretenen Werte und Positionen umkehren würden, protestierten die oppositionellen Torys gegen die Absichten der regierenden Labour-Partei Großbritanniens, die Militärausgaben von 2,3 % auf 2,5 % des BIP im Jahr 2027 zu erhöhen. Dies soll auf Kosten einer Reduzierung der Ausgaben für ausländische Hilfe geschehen, sodass ihr Anteil am Bruttonationaleinkommen (BNE) entsprechend fallen soll, auf bescheidene 0,3 %. Das sind nur vier Zehntel dessen, was die UNO für Hilfstransfers von reichen zu armen Ländern empfiehlt. Aber zumindest sprechen sie in London im Gegensatz zu anderen Hauptstädten offen darüber, womit die Erhöhung des Militärbudgets finanziert werden soll. Es ist seltsam, dass dies von einer linkszentrierten Regierung getan wird, aber derzeit ist es nicht mehr klar, wo die Linke endet und die Rechte beginnt, sodass es klüger sein wird, diese Begriffe nicht zu missbrauchen, denn wir werden bei den Oxymora einer rechts-linken oder links-rechten Partei ankommen.

Eine Art Anarchie wird im System der internationalen Organisationen vorherrschen. Dies wird – wie es bereits geschieht – dazu führen, dass es an einer Einrichtung mangelt, die in der Lage ist, das internationale Recht und die darauf basierenden Vereinbarungen effektiv durchzusetzen. Zu einer Zeit, in der die Koordinations- und Aufsichtsfunktionen wichtiger Organisationen – insbesondere der UNO, der WTO und der WHO – gestärkt werden sollten, werden sie geschwächt. Reizbare Republikaner, die durch das Narrativ ihres Idols ermutigt oder vielleicht direkt von ihm überzeugt wurden, wollen die Vereinigten Staaten aus den Vereinten Nationen zurückziehen. Ein Senator brachte einen Gesetzentwurf im Kongress ein, der „Complete U.S. Withdrawal from the United Nations Act of 2025" betitelt war. Sein Ziel wäre es, die Mitgliedschaft der USA in der UNO und den damit verbundenen Agenturen zu beenden und alle Zahlungen an sie einzustellen. „Wir sollten aufhören, dafür zu bezahlen. Während Präsident Trump unsere Außenpolitik revolutioniert, indem er Amerika an die erste Stelle setzt, müssen wir diese Scheinorganisation verlassen und echte Allianzen priorisieren, die die Sicherheit und den Wohlstand unserer Nation gewährleisten", sagte der Antragsteller. Er wird von einem Parteikollegen unterstützt, der andeutet, dass „die Vereinten Nationen amerikanische Steuergelder ausnutzen, während sie oft unsere Interessen untergraben, unsere Verbündeten angreifen und unsere Gegner unterstützen."[8] Solche Meinungen finden vor allem in Kreisen, die den Republikanern nahestehen, fruchtbaren Boden, wo nur 34 % die UNO positiv sehen (gegenüber mehr als 70 % der Demokraten).[9]

In einer solchen Situation werden Länder, statt gemeinsam an der Bewältigung von Sicherheit, öffentlicher Gesundheit, Klima, Bevölkerungsmigration, Technologie und Wirtschaft zu arbeiten, bei Problemen eigenständig handeln, auf regional und global ungeordnete Weise, und dadurch die Kosten ihrer Handlungen erhöhen und ihre Wirksamkeit untergraben. In einer Zeit, in der es dringend notwendig ist, die regulatorischen Funktionen supranationaler Institutionen zu verbessern, wird ihre Macht egoistisch ausgehöhlt. Es kann illusorisch sein, die eigene Sicherheit – militärisch, wirtschaftlich, sozial, klimatisch – anzustreben, indem man versucht, konkurrierende Staaten zu schwächen. Denn diese reagieren symmetrisch, kümmern sich unter solchen Umständen hauptsächlich um ihre eigenen Interessen und schauen immer weniger auf andere. Am Ende wird es schlimmer und teurer, weil man sich nicht effektiv von anderen isolieren kann, egal wie laut man „America First!", „Vive la France!" oder „Alles für Deutschland!" ruft. Anstatt uns auf engstirnigen Nationalismus zuzubewegen, müssen wir uns auf inklusive Globalisierung zubewegen; anstatt uns in unseren Beziehungen zu anderen einzuschränken, müssen wir uns mehr für sie öffnen; anstatt uns zu distanzieren, ist es besser, uns zu integrieren; anstatt zu versuchen, den Ausschlag zu unseren Gunsten zu geben, ist es besser, in Partnerschaft mit anderen auf ein Gleichgewicht hinzuarbeiten.

Zurück zur Wirtschaftspolitik: Präsident Trump und seine Regierungsbeamten haben recht, wenn sie behaupten, die US-Wirtschaft sei überreguliert. Genauer gesagt, ist sie schlecht reguliert. Daher benötigen sie keine Art von totaler, libertärer Deregulierung, sondern eine Neuordnung, d. h. die Beseitigung vieler Vorschriften, die dem Unternehmertum schaden – Anordnungen, Verbote, Lizenzen – bei gleichzeitiger Einführung rechtlicher Grundsätze, die fairen Wettbewerb sowie den Schutz von Verbrauchern und Naturraum fördern. Dies sollte nicht mit einem Baseballschläger oder einem kräftigen Golfschwung, sondern mit der sanften Bewegung eines Skalpells erfolgen. Dies erfordert Präzision und Raffinesse, nicht die Massenlöschung von Vorschriften und Massenentlassungen von Beamten. Das könnte zu regulatorischem Chaos führen und bald einen Mangel an Expertenbürokraten verursachen, die benötigt werden, um eine komplexe Wirtschaft reibungslos am Laufen zu halten.

Das Weiße Haus, Bundesbehörden und -abteilungen werden dies bald herausfinden, da Mitarbeiter massenhaft in Folge eines nicht sehr gut durchdachten präsidialen Dekrets entlassen werden (diese Art von Gesetzgebung erfordert keine Zustimmung des Kongresses). Dies geschieht gemäß ungeschickten, aber rechtlich sanktionierten Prinzipien der Trumponomics. Sie besagen, dass die Behörden nach dem Ende des Einstellungsstopps für neue Mitarbeiter in der Bundesverwaltung (durch ein Dekret, das sofort am ersten Tag der zweiten Amtszeit unterzeichnet wurde) „Pläne für großangelegten Personalabbau" durchführen und nicht mehr als eine Person pro je vier, die ihren Job verlassen haben, einstellen sollten.[10] Und sie gehen. Einige, weil sie mit einer Art Bestechungsgeld in Form einer Leistung überzeugt und ermutigt wurden, die einem Monatsgehalt über acht Monate hinweg nach der Entlassung entspricht. Andere, weil sie einfach entlassen wurden.

Der massive Stellenabbau, um nicht zu sagen, das In-die-Arbeitslosigkeit-Treiben von Menschen, schlug sehr schnell zurück, als offensichtlich wurde, dass es einen Mangel an Fachpersonal in kritischen Bereichen gab. „Die US-Regierung versucht, [am Sonntag] nukleare Sicherheitsmitarbeiter wieder einzustellen, die sie am Donnerstag entlassen hatte, nachdem die Sorge gewachsen war, dass ihre Entlassung die nationale Sicherheit gefährden könnte. Die Mitarbeiter der National Nuclear Security Administration (NNSA) gehörten zu Hunderten von Mitarbeitern im Energieministerium, die Kündigungsschreiben erhalten hatten. Das Ministerium ist verantwortlich für die Gestaltung, den Bau und die Überwachung des US-amerikanischen Atomwaffenarsenals".[11] Dies sind die Konsequenzen blinden Handelns.

Um etwas weniger aufdringlich, was nicht unbedingt bedeutet: vernünftiger zu handeln, schickte Elon Musk, mit grünem Licht vom Präsidenten und bevor er sich aus den entscheidenden Kreisen des Weißen Hauses zurückzog und einen heftigen Streit mit dessen Bewohner hatte, eine lakonische Anfrage an die Zehntausenden von in Bundesbüros beschäftigten Menschen: „Please reply to this email with approx. 5 bullets of what you accomplished last week." („Bitte antworten Sie auf diese E-Mail mit ca. fünf Punkten zu dem, was Sie letzte Woche erreicht haben"). Er fügte sofort hinzu: „Failure to respond will be taken as a resignation" („Nichtbeantworten wird als Rücktritt gewertet"),[12] und gab 48 h Zeit zur Antwort. Mit solch einem Diktum dachten die Beamten, statt zu arbeiten, darüber nach, was sie schreiben sollten, um nicht entlassen zu werden. Und da es Tausende dieser Antworten gab, ist es wahrscheinlich, dass ein Künstliche-Intelligenz-Algorithmus (eine KI) sie „gelesen" und angezeigt hat, wer entlassen und wer behalten werden musste. Es ist äußerst originell, eine Personalpolitik zu haben, die, statt Ordnung zu schaffen, indem sie die Belegschaft optimiert, noch mehr Chaos verursacht.

Notes

1. „Sea-ice around the north and south poles acts like a giant mirror by reflecting much of the Sun's energy back into space. But as rising temperatures cause this bright layer to shrink, the dark ocean below can absorb more heat, warming the planet further." Mark Poynting & Erwan Rivault, „World's sea-ice falls to record low", „BBC News", 15. Februar 2025 (https://www.bbc.com/news/articles/cvgeydkz08go; Zugriff am 31.03.2025).
2. Executive Order „Putting America First in International environmental Agreements", Das Weiße Haus, 20. Januar 2025 (https://www.whitehouse.gov/presidential-actions/2025/01/putting-america-first-in-international-environmental-agreements/; Zugriff am 24.02.2025).
3. „Six Trump executive orders to watch", „BBC News", 22. Januar 2025 (https://www.bbc.com/news/articles/cqld6wnv1rgo; Zugriff am 25.02.2025).
4. „Implementing the President's Executive Order on Reevaluating and Realigning United States Foreign Aid", US Department of State, Washington, D.C., 26. Januar 2025 (https://www.state.gov/implementing-the-presidents-executive-order-on-reevaluating-and-realigning-united-states-foreign-aid/; Zugriff am 25.02.2025).
5. *Ebenda.*
6. „‚People will starve' because of US aid cut to Sudan", „BBC News", 25. Februar 2025 (https://www.bbc.com/news/articles/cy7x87ev5jyo; Zugriff am 25.02.2025).
7. „By cutting off assistance to foreigners, America hurts itself", „The Economist", 30. Januar 2025 (https://www.economist.com/leaders/2025/01/30/by-cutting-off-assistance-to-foreigners-america-hurts-itself; Zugriff am 25.02.2025).
8. „Republican Lawmakers Push for Complete U.S. Withdrawal From United Nations", „United24 Media", 21. Februar 2025 (https://united24media.com/latest-news/republican-lawmakers-push-for-complete-us-withdrawal-from-united-nations-6088; Zugriff am 22.02.2025).
9. Laut einer Umfrage des Pew Research Centers im April 2024. Wie man vermuten könnte, waren ein Jahr später, aufgrund der Propagandakampagnen des Trumpismus, die positiven Meinungen über die UN noch weniger.

10. Executive Order „Implementing The President's ‚Department of Government Efficiency' Workforce Optimization Initiative", Das Weiße Haus, 11. Februar 2025 (https://www.whitehouse.gov/fact-sheets/2025/02/fact-sheet-president-donald-j-trump-works-to-remake-americas-federal-workforce/; Zugriff am 25.02.2025).
11. „US government tries to rehire nuclear staff it fired days ago", „BBC News", 16. Februar 2025 (https://www.bbc.com/news/articles/c4g3nrx1dq5o; Zugriff am 17.02.2025).
12. „Elon Musk says federal employees must report ‚what they got done last week' or lose jobs", „USA Today", 22. Februar 2025 (https://www.msn.com/en-us/news/technology/elon-musk-says-federal-employees-must-report-what-they-got-done-last-week-or-lose-jobs/ar-AA1zAAjo; Zugriff am 23.02.2025).

9

Effizienz und Gerechtigkeit

Die neoliberale Wirtschaft macht mehrere illusorische Annahmen.[1] Ihr zufolge operiert der Markt in einem Wettbewerbsumfeld. In gewissem Maße tut er das immer, aber nie unter perfektem Wettbewerb, weil die Märkte weitgehend oligopolistisch sind – von großen Einzelhandelsketten und Fluggesellschaften über Banken und Versicherungsagenturen bis hin zu Pharmaunternehmen und sozialen Medien (X-Plattform inbegriffen). Der Druck neoliberaler Kreise auf die Deregulierung hat tatsächlich darin bestanden, die Deregulierung zu fordern – und oft zu erhalten –, die sie nicht so sehr wünschen, um die Wettbewerbsumgebung zu vertiefen, als vielmehr, um ihre Gewinnmaximierung durch Rent-Seeking zu erleichtern – die Ausbeutung von Stakeholdern und das Abwälzen einiger anfallender Kosten auf diese, während sie Einkommen, das jemand anderes durch verschiedene Phasen und Kanäle der Umverteilung verdient hat, abschöpfen.

Hin und wieder läuft die Deregulierung darauf hinaus zu erleichtern, relativ schwächere Wettbewerber auszuschalten, die für stärkere Unternehmen unangenehm sind. Oft wird dies durch zynische Politiken gefördert, die das eine predigen und etwas anderes tun. Dies muss sich ändern, und Art und Weise, dies zu tun, ist die Einführung von Regulierungen hin zur sozialen Marktwirtschaft und die stärkere Berücksichtigung der Interessen von mittelständischen und kleinen Unternehmen und ihren Stakeholdern.

Tatsache ist jedoch, dass die Wirtschaft weiterhin auf der Dominanz privater Unternehmen beruhen muss, bloß dass ihr Funktionieren und ihre Expansion vom Staat im allgemeinen Interesse reguliert werden müssen. Der Staat mit einer ordnungsgemäßen Marktregulierung, angesichts der Besorgnis über den Informationsfluss und den Kampf gegen Desinformation, soll das Unternehmertum fördern und Investitionen anregen, aber dennoch die wirtschaftliche Aktivität so beeinflussen, dass sie mit dem makroökonomischen Ziel der Verbesserung des Wohlergehens der Gesellschaft übereinstimmt.

Ein wichtiges neues Element der wirtschaftlichen Aktivität ist heute, dass manchmal der Zugang zu zuverlässigen Informationen für die Bildung und Zuweisung von Kapital bedeutungsvoller ist als der Besitz. Diese Frage hat sowohl eine technische als auch eine moralische Dimension. Daher ist es notwendig, nach Integrität in der wirtschaftlichen Aktivität und hohen ethischen Standards in Wirtschaft und Politik zu streben. Damit die Wirtschaft gut ist, muss sie fair sein, was erneut das Thema gesunden Wettbewerbs und guter staatlicher Regulierung aufwirft.

Es ist nicht möglich, die Trugschlüsse der Komposition zu beseitigen, indem man annimmt, dass die Summe der mikroökonomischen Rationalitäten keine makroökonomische Rationalität garantiert, und die Summe der makroökonomischen Rationalitäten führt nicht zu globaler Rationalität. Sie können jedoch sowohl auf der Mikro-Makro-Ebene (Unternehmen – nationale Wirtschaft) als auch auf der Makro-Mega-Ebene (nationale Wirtschaften – globale Wirtschaft) gemildert werden. Ohne einen effizienten Staat im ersten Fall und zwischenstaatliche Vereinbarungen im zweiten Fall kann wenig erreicht werden. Der Markt allein kann diese Probleme nicht lösen; er verschärft sie.

Um die Dinge voranzubringen, darf man sich jedoch nicht von dem Anschein täuschen lassen, der private Sektor beinahe zur Wohltätigkeit bereit. Das ist nicht das, worum es im privaten Geschäft geht. Es kann als Arbeitgeber beschrieben werden, aber man muss sich vergegenwärtigen, dass es anderen in erster Linie Arbeit gibt, um für sich selbst profitabel zu sein. Milton Friedman hatte recht, als er sagte, dass die soziale Verantwortung von Unternehmen darin bestehe, den Shareholder-Value zu maximieren,[2] aber auch Joseph E. Stiglitz hat recht, wenn er sagt, dass diese Verantwortung darin bestehe, Steuern zu zahlen.[3] In einer fairen, gut regulierten Wirtschaft schließt das eine das andere nicht aus.

Erschreckt von der Welle des Populismus, chaotischen Reaktionen einiger Politiker und Anti-Establishment-Stimmungen erklären Kapitalisten ihre Bereitschaft, auch die Interessen anderer zu berücksichtigen. Aber der Eindruck kann täuschen, denn es handelt sich um bloße Taktik aus Angst, die eigene Machtposition zu verlieren. Die Ankündigung von mehr als 180 hochrangigen Führungskräften großer Unternehmen beim Business Roundtable der USA (ABR), dass ihr Hauptziel nicht die Maximierung des Shareholder-Value, sondern die Zufriedenheit aller Stakeholder sei, ist nur ein Versuch, den Politikern Sand in die Augen zu streuen, um deren Entschlossenheit zu schwächen, regulatorische Änderungen vorzunehmen, die stärker auf soziale Ziele ausgerichtet sind. Als die Großunternehmen die Ankündigungen von Bernie Sanders und Elizabeth Warren – demokratische Bewerber um die US-Präsidentschaft, die Trump 1.0 im Jahr 2019 verlor – hörten, die vorgeschlagene systemische Reformen und Neubewertungen der Wirtschaftspolitik betrafen, neigten sie dazu, fast schon einen Kurswechsel zu quasi-sozialistischen Positionen zu verkünden. Für eine Weile und auf dem Papier. Es sei denn …

Es sei denn, es steht tatsächlich ein weiterer großer Wandel bevor, der unter dem Einfluss des Zusammenwirkens des wachsenden Basisdrucks bedeutender Teile der Gesellschaft, die mit dem Status quo unzufrieden sind, und der Entschlossenheit einiger aufgeklärter politischer Führer entsteht, dass es besser sein sollte und kann als zuvor. Die Geschichte kennt solche Fälle. Unter dem wachsenden Druck der immer stärker organisierten Arbeiterbewegung und dem Gespenst des Kommunismus, das über Europa schwebte, wurde der Kapitalismus des 19. Jahrhunderts weniger böse als zu seinen Anfängen, obwohl es immer noch notwendig war, für ein Verbot der Kinderarbeit oder einen Acht-Stunden-Arbeitstag zu kämpfen. Später, in den 1960er-Jahren, war das Programm der Great Society von Präsident Lyndon B. Johnson ein erheblicher Anstoß für den Kapitalismus, neue und bessere Wege zu gehen.[4] Dies wurde durch eine Koinzidenz von Massenprotesten gegen die offensichtliche Ungerechtigkeit, die sich unter anderem in der Existenz riesiger Armutsviertel und Rassendiskriminierung äußerte, sowie von Druck verursacht, der aus der Wahrnehmung positiver Beispiele einer sozialistischen Wirtschaft mit Vollbeschäftigung, kostenloser Gesundheitsversorgung, allgemeiner Bildung, staatlicher Förderung von Kultur und Sicherheit auf den Straßen entstand. Die progressiven Veränderungen, die damals in den Vereinigten Staaten eingeführt wurden und denen einige andere Länder folgten, verstetigten sich im Laufe der Zeit.

Wird es diesmal genauso sein? Es gibt viele Proteste gegen die inakzeptablen Zustände. Gibt es genug aufgeklärte Personen, die echte Veränderungen zum Wohle der Allgemeinheit suchen? Es ist fraglich, ob Trump 2.0 ein solcher Führer ist. Haben sie etwas, worauf sie sich verlassen können? Gibt es politische Ideen und Programme, die aus dem neuen sozioökonomischen Denken hervorgehen, die ausreichend attraktiv, aber vor allem pragmatisch sind? Wird es möglich sein, sie im Rahmen ihrer Befugnisse durchzusetzen, indem man den Konservatismus und den Widerstand von Interessengruppen bricht? Werden entschlossene Führer in der Lage sein, die Beschränkungen – informationelle, politische, kulturelle, ethische, emotionale, motivationale – die die Möglichkeiten ihres Handelns einschränken, erfolgreich zu überwinden?

Nichts davon wird durch Trumponomics garantiert. Dies ist in der Tat eine entscheidende Zeit, daher muss darauf geachtet werden, sich nicht von der Heuchelei einiger Teile der Wirtschafts- und politischen Eliten täuschen zu lassen, noch in die Falle des Populismus zu tappen. Wenn dies gelingt – wenn effizientes und ehrliches Geschäft und verantwortungsvolle Politik überwiegen –, wird der Kapitalismus überleben, obwohl er vielleicht im Laufe der Zeit so eine neue Qualität annehmen wird, dass ein neuer Begriff erfunden werden muss. Wir müssen sehr vorsichtig sein, denn kein Mensch kann jemals zweimal in denselben Fluss steigen, aber es ist möglich, zweimal in denselben Sumpf zu geraten …

Es ist notwendig sicherzustellen, dass der Trend zur Deregulierung, der an Fahrt gewinnt, einem umfassenden Bündel von Zielen förderlich ist und nicht nur einem bestimmten Interesse oder einem anderen. Die Marktwirtschaft muss auf den Aktivitäten privater Unternehmen basieren, aber der Punkt ist, dass sie richtig reguliert und nicht dereguliert werden sollte. Ein Streben, den Gewinn aus dem eingesetzten Kapitel zu maximieren, das typisch für Privateigentum ist, muss von einer Regulierung umgeben sein, die dies nicht behindert, aber gleichzeitig seine Exzesse auf Kosten anderer Stakeholder – Mitarbeiter, Verbraucher, Mitglieder der Gesellschaft, die ohne eigenes Verschulden schwach sind, Steuerbehörden oder die Umwelt – verhindert. Gute Regulierung ist ein System, das gleichzeitig wirtschaftliche Effizienz und soziale Gerechtigkeit fördert. Das ist schwierig, aber möglich. Es wäre jedoch naiv, in dieser Angelegenheit auf Trumponomics zu vertrauen.

Notes

1. Grzegorz W. Kolodko, „Economics of New Pragmatism in Contemporary Society: Identity, Aims, Method", „Polish Sociological Review", 2021, Nr. 4 (https://tiger.edu.pl/Kolodko_PSR_2021-4.pdf; Zugriff am 31.03.2025).
2. Milton Friedman, „The Social Responsibility of Business is to Increase its Profits", „The New York Times Magazine", 13. September 1970 (https://www.nytimes.com/1970/09/13/archives/a-friedman-doctrine-the-social-responsibility-of-business-is-to.html; Zugriff am 17.02.2025).
3. Joseph E. Stiglitz, „Can we trust CEOs' shock conversion to corporate benevolence?", „The Guardian", 29. August 2019 (https://www.theguardian.com/business/2019/aug/29/can-we-trust-ceos-shock-conversion-to-corporate-benevolence; Zugriff am 17.02.2025).
4. Viviana A. Zelizer, „Economic Lives: How Culture Shapes the Economy", Princeton University Press, Princeton & Oxford, 2011.

10

Sinn und Unsinn

Die Empfehlungen, die so klingen, als wären sie direkt aus den Tagen des Staatssozialismus mit seiner inhärenten zentral geplanten Wirtschaft übernommen worden, scheinen außergewöhnlich „sinnvoll", oder nicht? Nun, der amerikanische Präsident unterzeichnete sofort an seinem ersten Amtstag eine Direktive, die alle Bundesbehörden und -agenturen auffordert, sich mit den Lebenshaltungskosten zu befassen. Die Direktive fordert die zuständigen Behörden auf, Möglichkeiten „[to] lower the costs of housing, health care and key home appliances, food and fuel" (zur „Senkung der Kosten für Wohnen, Gesundheitsversorgung und wichtige Haushaltsgeräte, Lebensmittel und Treibstoff")[1] zu prüfen und innerhalb eines Monats Bericht zu erstatten. Wir können nur wünschen, dass wir das auch anderswo tun könnten. Aber die US-Behörden sind eifrig darauf bedacht, die Inflation ihren Vorgängern anzulasten. In dem Memorandum lautet der erste Satz: „Over the past 4 years, the Biden Administration's destructive policies inflicted an historic inflation crisis on the American people." („In den letzten vier Jahren hat die zerstörerische Politik der Biden-Administration eine historische Inflationskrise über das amerikanische Volk gebracht.")[2]

© Der/die Autor(en), exklusiv lizenziert an Springer Nature Switzerland AG 2025
G. W. Kolodko, *Trumps zweite Amtszeit*,
https://doi.org/10.1007/978-3-032-02943-0_10

Es gibt viele bizarre Dekrete von Trump 2.0. Einige von ihnen hat er öffentlich unterzeichnet, wobei er den Stift, mit dem er seine Unterschrift gemacht hat, wohlwollend in die Menge warf. Nicht weil er höchstwahrscheinlich *Made in China* war, sodass er so schnell wie möglich entsorgt werden musste, sondern weil er durch diese Unterschrift einen besonderen Wert erhielt. Ich hatte auch einen Präsidentenstift – einen exklusiven Sheaffer-Stift, der mir einmal vom 42. US-Präsidenten, Bill Clinton, überreicht wurde (nicht auf mich geworfen). Mit seiner Unterschrift darauf. Ich spendete ihn zugunsten der Wohltätigkeitsauktion des Großen Orchesters der Weihnachtsliebe, das Anfang 2025 zum 33. Mal „spielte". Er wurde für 9 100 PLN versteigert, was etwa 2300 USD entspricht. Ich frage mich, ob irgendwann – und für wie viel? – Stifte (oder genauer gesagt Marker, weil sie die Unterschrift im Fernsehen sichtbarer machen), die vom 47. Präsidenten geworfen wurden, bei ähnlichen Anlässen versteigert werden.

Während er eine Reduzierung der Energiegewinnung aus erneuerbaren Quellen, insbesondere Wind, und eine Ausweitung der umweltschädlichen Förderung fossiler Energiequellen, Öl und Gas – das berühmte „Drill, baby, drill!" – forderte, erklärte Präsident Trump, dass dies die Energiepreise und folglich alle Preise senken würde. Stehen wir also vor einer Deflation anstelle einer Inflation? Schließlich gab es Fälle, in denen die Preise für Energieträger sanken, aber das allgemeine Preisniveau trotzdem nicht fiel. Trump sieht das jedoch anders. Die Teilnehmer des Treffens in Davos hörten von ihm: „With oil prices going down, I'll demand that interest rates drop immediately. And, likewise, they should be dropping all over the world." („Wenn die Ölpreise sinken, werde ich sofort eine Senkung der Zinssätze verlangen. Und genauso sollten sie weltweit sinken.")[3]

Eine vorzeitige und zu starke Senkung der Zinssätze durch die Zentralbank kann den gegenteiligen Effekt haben; die daraus resultierende relative Nachfragesteigerung kann die Preise sogar noch weiter in die Höhe treiben. Dies haben vor nicht allzu langer Zeit die Türkei und Russland schmerzhaft erfahren. Übrigens erhöhte die Bank von Japan – die viertgrößte Wirtschaft der Welt – am Tag nach dem Appell des US-Präsidenten zur Senkung der Zinssätze diese auf den höchsten Stand seit siebzehn Jahren. Es ist überraschend, dass Trump nicht als Strafe 25 % Zölle auf japanische Importe verhängte (mit Ausnahme von Stahl und Aluminium, deren Importe aus allen Ländern außer Australien mit Zollbeschränkungen belegt wurden). Eine Woche später senkte auch das US Federal Reserve System, die Fed, die Zinssätze nicht. In den folgenden Monaten setzte Trump 2.0 seinen Feldzug gegen Fed-Chef Jerome Powell fort.

Die Ölpreise werden auf den Weltmärkten nicht sinken, nur weil Trump Saudi-Arabien und die Organisation der erdölexportierenden Länder (OPEC) dazu auffordert. Es ist mehr als zweifelhaft, dass sie dies tun wollen, denn genau deshalb haben sie dieses Kartell gebildet – um die Preise durch Kontrolle der Fördermengen zu bestimmen. Eine starke Senkung der Ölpreise würde die ohnehin schwierige wirtschaftliche Lage Russlands spürbar verschlechtern und es noch schwieriger machen, den Krieg mit der Ukraine zu finanzieren. Wie die USA ist auch Russland kein Mitglied der OPEC, handelt aber mit ihr über Preisfragen, indem es an den sogenannten OPEC+-Abkommen teilnimmt, einer Art Erweiterung des Kartells. Mitte Februar 2025 trat Brasilien bei, das die Vereinigten Arabischen Emirate überholt hatte und zum siebtgrößten Öllieferanten der Welt wurde (die Top sechs sind die USA, Saudi-Arabien, Russland, Kanada, China und der Irak).[4] Ein zusätzlicher Anreiz für Brasilien, diesem Kartell beizutreten, waren die protektionistischen Maßnahmen gegen es, die von Trump ergriffen wurden, der außerdem verstehen sollte, dass das Abschneiden solch bedeutender Lieferanten wie Irak, Iran, Libyen und Venezuela vom Weltmarkt zu steigenden Energiepreisen führt. Ähnlich wie beim Rohöl verhält es sich mit den Gaspreisen, von denen Russland immer noch ein bedeutender Exporteur ist. Die Vereinigten Staaten sind der größte Gasproduzent (1,35 Mrd. Kubikmeter, m^3, im Jahr 2024), Russland ist Zweiter (586,4 Mrd. m^3), Iran ist Dritter (251,7 Mrd. m^3) und den vierten Platz nimmt China ein (234,3 Mrd. m^3), dessen eigene Produktion nicht ausreicht, sodass sie Gas importieren, hauptsächlich aus Russland und dem Iran. Die größten Gasexporteure sind in dieser Reihenfolge die USA, Russland, Katar, Norwegen und Australien.[5] Die Gaspreise auf den Weltmärkten unterliegen ebenfalls großen Schwankungen, aber es war sicherlich interessant für Präsident Trump, dass der Referenzgaspreis in Europa um bis zu neun Prozent sank, nachdem er seine Absichten zur Friedenssicherung in der Ukraine bekannt gegeben hatte. Das ist umso interessanter, als er zuvor geglaubt hatte, dass der Preis für fossile Energieressourcen gesenkt werden sollte, um Russland zur Aufgabe des Krieges zu zwingen und Friedensverhandlungen aufzunehmen. Doch es stellte sich heraus, dass das Signal, dass solche Gespräche im Gange waren, die Preise senkte, was gut für die Europäer war, die immer mehr Gas aus Übersee importieren, aber nicht so gut für die US-Produzenten und Exporteure.

Den politisch einflussreichen Magnaten der US-Öl- und Gasförderlobby ist nicht an fallenden Öl- und Gaspreisen gelegen. Sie machen gute Geschäfte, wenn das Öl teurer wird, nicht billiger. Wenn jemand von einem Barrel Öl zu 30 USD träumt (als Trump eine Preissenkung forderte, lag das als West Texas Intermediate (WTI) bezeichnete Öl unter 76 USD), muss er verstehen, dass dies eine Katastrophe für viele US-Ölunternehmen wäre, insbesondere für diejenigen, die aus Schiefer fördern. Könnte es sein, dass Trump das nicht realisiert? Er versteht es perfekt, aber was er wahrscheinlich meint, ist, dass er, wenn die Ölpreise fallen, erklären wird, dass er es selbst getan habe, und wenn das nicht passiert, wird er anderen allerhand vorwerfen. Genau wie er es bei einer Vielzahl von Themen tut.

Die Realität ist, dass ein großer Rückgang der Ölpreise auf den Weltmärkten viele der Ölförderunternehmen "unter die Rentabilitätsschwelle bringen würde, die durch den WTI-Preis festgelegt wird, der für US-Produzenten notwendig ist, um rentabel zu bleiben. Dies würde insbesondere für Ölunternehmer gelten, die in neue Bohrlöcher investieren wollen. In solchen Situationen lagen die Kosten für die Förderung eines Barrels Öl 2024 zwischen 59 USD für die Schieferproduktion und durchschnittlich 66 USD für die traditionelle Förderung aus Bohrlöchern in der ergiebigen Perm-Region im Süden des Landes. Die bereits in Betrieb befindlichen Bohrlöcher hatten einen Mindestschwellenpreis von 38 USD pro Barrel. Nach Prognosen der Energy Information Administration (EIA), sollte die tägliche Produktion in der Region um 300.000 Barrel auf 6,6 Mio. im Jahr 2025 steigen. Nun, sie wird nicht steigen, wenn die Preise fallen. Der durchschnittliche monatliche Preis für WTI-Öl lag 2024 zwischen 77 und 81 USD.

Diese Preise unterliegen erheblichen Schwankungen, die durch eine Vielzahl von Faktoren verursacht werden, unter denen die Geopolitik von großer Bedeutung ist. Es ist erwähnenswert, dass es im September 2023 89,43 USD pro Barrel waren, und fünfzehn Monate später, im Dezember 2024, 70,12 USD, mehr als 21 % weniger. Bei einer stärkeren Reduzierung könnten die Preise auf ein so niedriges Niveau fallen, dass die USA, statt immer mehr Öl zu produzieren und es profitabel zu exportieren, es wieder importieren müssten, was, statt die Handelsbilanz zu begrenzen, sie erhöhen würde. Dies hätte zwei Effekte, die genau das Gegenteil von dem sind, was Trumponomics fälschlicherweise annimmt. Und sein Prediger hätte einen weiteren absurden Grund, seine falsche Behauptung zu unterstützen, dass ausländische Länder betrögen und die USA ausnutzten, weil sie weiterhin mehr an sie verkauften als sie von ihnen kauften, und darüber hinaus nähme die Lücke zwischen dem einen und dem anderen zu, anstatt zu schrumpfen.

Aus globaler Sicht wäre es überhaupt nicht schlecht, wenn die Ölpreise stark sänken. Das Problem ist, dass die US-Energie-Lobby daran nicht interessiert ist. Vielleicht tauchte dieses weitere Bündel widersprüchlicher Forderungen nur auf, damit Trump behaupten konnte, er habe schließlich versucht, durch Öldumping Präsident Putin dazu zu zwingen, seine verwerfliche Aggression gegen die Ukraine zu beenden und günstige Zugeständnisse dafür zu erzwingen, aber andere hätten ihn daran gehindert.

Notes

1. „Executive order „Delivering Emergency Price Relief for American Families and Defeating the Cost-of-Living Crisis"", Das Weiße Haus, 20. Januar 2025 (https://www.whitehouse.gov/presidential-actions/2025/01/delivering-emergency-price-relief-for-american-families-and-defeating-the-cost-of-living-crisis/; Zugriff am 25.02.2025).
2. *Ebenda.*
3. „Remarks By President Trump at the World Economic Forum", Das Weiße Haus, 23. Januar 2025 (https://www.whitehouse.gov/remarks/2025/01/remarks-by-president-trump-at-the-world-economic-forum/; Zugriff am 25.02.2025).
4. Im Jahr 2023 betrug die Ölproduktion der USA 29,91 Mio. Barrel pro Tag. Es folgten 11,13 Mio. Barrel in Saudi-Arabien, 10,75 in Russland,

5,76 in Kanada, 5,26 in China, 4,42 im Irak und 4,28 in Brasilien. „10 Top Öl-produzierende Länder", Investing News Network, INN (https://investingnews.com/daily/resource-investing/energy-investing/oil-and-gas-investing/top-oil-producing-countries/; Zugriff am 19.02.2025). Ein Barrel entspricht 159 Litern.

5. „Top 10 Countries for Natural Gas Production", Investing News Network, INN (https://investingnews.com/top-natural-gas-producers/; Zugriff am 19.02.2025).

11

Anflüge von gesundem Menschenverstand

Präsident Trump wies die angebliche Bedrohung der nationalen Sicherheit durch TikTok zurück. Indem er die Schließung dieser, insbesondere bei der jüngeren Generation, sehr beliebten sozialen Video-App blockierte, zeigte er Anzeichen von gesundem Menschenverstand. Auf eine provokative Frage, die ihm in einem Fernsehinterview von Fox News gestellt wurde, antwortete er mit einer Frage: „Is it that important for China to be spying on young people, on young kinds, watching crazy videos?" („Ist es für China so wichtig, junge Leute, junge Kinder auszuspionieren, die verrückte Videos anschauen?") Und fügte hinzu, dass auf ähnlicher Basis fast alles, was aus China komme, des Spionierens beschuldigt werden könnte. Dies ist tatsächlich ein vernünftiger Punkt, zumal jemand anderswo argumentieren könnte, dass alles, was in den USA hergestellt wird, zur Überwachung verwendet wird.

Die gesamte Trumponomics verstrickt sich in einem Mangel an definitorischer Präzision, in einer Vielzahl von Inkonsistenzen und Widersprüchen, sie vermischt kausale Faktoren mit ihren Konsequenzen, verwechselt die Mittel der Politik mit ihren Zielen. Es ist daher nicht überraschend, dass sie eine Verleugnung des ökonomischen gesunden Menschenverstands ist, obwohl sie darauf basieren sollte. Und gesunder

Menschenverstand sollte unmittelbar mit Rationalität verbunden sein. Immer, auch im wirtschaftlichen Bereich. Eine rationale Person ist diejenige, die zu ihrem eigenen Vorteil handelt und dabei vorliegende Informationen berücksichtigt. In der Zwischenzeit fällt es dem Staatsoberhaupt der Vereinigten Staaten schwer, eine angemessene Vorstellung vom kollektiven Nutzen des Landes zu haben, das zu regieren er erneut gekommen ist. Es scheint, dass er nicht immer weiß, was wirtschaftlich und politisch vorteilhaft für die USA und ihre Bevölkerung ist – sowohl kurzfristig, während seiner zweiten Amtszeit, als auch langfristig, dem er zumindest absichtlich große Bedeutung beimisst.

Obwohl es den Anschein hat, dass der US-Präsident die am besten informierte Person der Welt sein sollte, ist die Genauigkeit der Informationen, die ihm als Grundlage für seine Entscheidungen zur Verfügung gestellt werden, manchmal begrenzt. Hinzu kommen unvermeidliche Probleme bei ihrer gekonnten Verarbeitung und Aufnahme. Aus den inneren Kreisen der Washingtoner Administration wurde berichtet, es sei nicht ungewöhnlich, dass Politiker an der Spitze der US-Regierung – einschließlich des Außenministers und des Verteidigungsministers – von einigen wichtigen Entscheidungen, die ihren Zuständigkeitsbereich betreffen, aus Medienberichten oder von Beiträgen auf der von ihrem Chef besessenen Plattform Truth Social erführen. Sie hätten ihre Smartphones immer offen, auch während Gesprächen mit ausländischen Partnern, nur für den Fall, Gott bewahre, dass sie sonst etwas nicht mitbekämen, das bereits von Journalisten diskutiert werde, die vor der Tür auf ein Briefing warteten.

Manche sagen, dass sich der 47. US-Präsident nach den wertvollen Erfahrungen seiner eigenen 45. Präsidentschaft, als es manchmal jemand wagte, dem Boss zu widersprechen, vor allem mit loyalen Menschen umgibt. Vielleicht ist es nicht so, wie wir es aus der Vergangenheit des staatlichen Sozialismus kennen, als das Prinzip „mittelmäßig, aber treu" galt, denn Kompetenz zählt, aber nur wenn es keinen Zweifel an der Loyalität gibt. Man kann nur hoffen, dass sich die kurz nach dem Wahlsieg nicht von irgendwelchen amerikanischen Feinden, sondern von „The Economist", geäußerte Ansicht nicht bewahrheitet, dass „Mr. Trumps innerer Kreis hauptsächlich aus Schmeichlern und Glücksrittern besteht. Eine Kakistokratie ist eine Gesellschaft, die von den Schlechtesten und Unqualifiziertesten regiert wird. Es könnte ein nützliches Wort für die nächsten vier Jahre sein."[1] Nur vier Monate nach dieser Warnung hatte das gleiche Wochenmagazin keine Angst, diese Schmeichler und Glücksritter zu benennen. „Scott Bessent, der Finanzminister, und Howard Lutnick, der Handelsminister, sind beide Finanziers, aber wenn sie versuchen, Mr. Trump einzudämmen, machen sie es nicht sehr gut. Statt weise Berater zu sein, kommen sie als Handlanger rüber, die erklären, warum Zölle unerlässlich sind und die Wall Street keine Rolle spielt. Wenige Geschäftsleute wollen die Wahrheit gegenüber der Macht aussprechen, aus Angst, den Zorn von Mr. Trump auf sich zu ziehen. Und so scheinen der Präsident und die Realität immer weiter auseinanderzudriften."[2]

Trump als Präsident der Vereinigten Staaten von Amerika (immer noch ohne Grönland, Kanada und den Panamakanal …) scheint sich jedoch nach gesundem Menschenverstand, konzentriert auf amerikanische Eigeninteressen, zu verhalten und fordert konsequent erhöhte Ausgaben für die sogenannte nationale Verteidigung außerhalb des Landes. Dieses Mal setzt neben seiner Arroganz und Grobheit, imperialistischen Gelüsten und ungesundem Nationalismus, Neoliberalismus und Populismus Pragmatismus ein. Nur dass er amerikazentriert ist, denn er wird durch nationale Interessen verstärkt, die auf Kosten anderer zugunsten inländischer Interessengruppen gedeihen sollen. Während er selbst nicht bestrebt ist, den US-Militärhaushalt zu erhöhen, fordert er eifrig andere NATO-Länder auf, das, was allgemein als Verteidigungsausgaben bezeichnet wird, zu vervielfachen. Und diese Forderungen finden Gehör. Er fordert das nicht, weil er Krieg fürchtet. Ich denke, genau das Gegenteil ist der Fall. Er fordert das als Pragmatiker und Geschäftsmann, denn er weiß, dass eine Verdreifachung der Militärausgaben der europäischen Länder ein äußerst lukratives Geschäft für sein Land wäre. Ja, wir sprechen von einer Verdreifachung, denn von einem Durchschnitt von knapp 1,8 % des BIP im Jahr 2024 auf die postulierten 5 % zu kommen, entspricht einer fast dreifachen Steigerung.

Die Europäer, insbesondere die in der Europäischen Union, scheinen dieses – natürlich – proamerikanische Spiel von Trump noch nicht durchschaut zu haben, der damit zwei Dinge auf einmal erledigt. Erstens untergraben seine Aussagen und Handlungen die europäische Integration, was die Stärkung der Wettbewerbsfähigkeit der US-Wirtschaft fördert.

Zweitens findet er unter europäischen Politikern, die den Kern der Sache nicht verstehen, Käufer für US-Waffen. Indem er die EU durch die Förderung ihrer politischen Desintegration schwächt, bringt er gleichzeitig naive Europäer dazu, das Wettrüsten auf eine Weise zu eskalieren, die für die USA vorteilhaft ist. Die europäischen Länder hingegen werden doppelt verlieren. Erstens werden die steigende Militärausgaben durch Kürzungen bei den Sozialausgaben finanziert, was zu Lasten des sozialen Zusammenhalts und des Lebensstandards der Menschen geht. Zweitens werden die Regierungen gezwungen sein, höhere Haushaltsdefizite zu akzeptieren, was die Destabilisierung der Wirtschaften erleichtern wird. Es sei denn, sie ziehen eine weitere Lösung in Betracht: die Erhöhung der Steuern. Davor haben jedoch tapfere Politiker Angst wie der Teufel vor dem Weihwasser.

Aber auch der Teufel wird, wenn er muss, seine Hand ins Weihwasser tauchen; alles zu seiner Zeit. Und die Zeit kommt langsam. Wir befinden uns nach einer Reihe von Parlaments- und Präsidentschaftswahlen, sodass die Politiker an der Macht anfangen, ein bisschen mutiger zu werden. Aber vorerst geht die schrittweise Eskalation des Militarismus weiter. Schritt für Schritt, Milliarde für Milliarde, Jahr für Jahr, Prozent für Prozent, Staat für Staat. Die Militaristen in der Politik machen ihre Geschäfte, und die ihnen wohlgesonnenen Medien schüren ständig das Feuer, in der Hoffnung – bisher müssen sie leider nicht enttäuscht sein –, dass das betäubte Volk ihnen nicht widerspricht. „Derzeit geben die Mitgliedstaaten der EU etwa 325 Mrd. Euro (340 Mrd. USD) pro Jahr für Verteidigung aus, was etwa 1,8 % des BIP des Blocks entspricht. (…) Damit Europa sich ohne die Amerikaner verteidigen kann – und auf lange Sicht denkt „The Economist", dass die Ausgaben eher bei vier bis fünf Prozent liegen müssen. (…) Es gibt drei Möglichkeiten, die zusätzlichen (…) Verteidigungsausgaben (…) aufzubringen. Die erste ist durch Kürzungen in anderen Bereichen (…) im Sozialwesen, Renten und sozialen Schutzmaßnahmen (…) und/oder durch Steuererhöhungen. (…) Die zweite Option besteht darin, Geld zu leihen. (…) Die dritte Option wäre, die Verteidigungsausgaben durch die EU zu finanzieren. (…) Dies würde die Schuldenlast des gesamten Blocks erhöhen, auch wenn diese Schulden nicht auf die nationalen Zahlen angerechnet würden."[3]

11 Anflüge von gesundem Menschenverstand

Alle drei Maßnahmen beginnen angewendet zu werden, obwohl ihre Anteile in den kommenden Jahren unbekannt sind. Die Massen werden nicht gegen eine steigende Staatsverschuldung protestieren, weil sie die dadurch auferlegte Last nicht kontinuierlich spüren, aber sie werden sich auflehnen, wenn die Regierungen beginnen, die Ausgaben „für Sozialleistungen, Renten und soziale Schutzmaßnahmen" zu kürzen und Steuern zu erhöhen, was bei solch expansiven öffentlichen Ausgaben unvermeidlich wird.

Eine Aufrüstungsspirale, die den Europäern schadet, entspricht aus der Sicht des Potomac dem gesunden Menschenverstand. Sie dient der amerikanischen Wirtschaft gut, indem sie die ausländische Nachfrage nach US-amerikanischen Militärprodukten und -dienstleistungen erhöht. Es entspricht auch deshalb gesundem Menschenverstand, weil es durch die Absorption der riesigen Summen öffentlicher Gelder, die in anderen Ländern für militärische Ausrüstung verschwendet werden, automatisch deren Fähigkeit einschränkt, Geld für alternative Zwecke auszugeben. Insbesondere gilt dies für unzureichende Investitionen in Forschung und Entwicklung und die Mitfinanzierung des technologischen Fortschritts aus der Staatskasse, was das Ausmaß des Wirtschaftswachstums einschränkt. Wenn weniger für das Militär und mehr dafür ausgegeben würde, die Wirtschaft auf ein höheres technologisches Niveau zu bringen, wäre Europa bereits wirtschaftlich wettbewerbsfähiger. Aber darum geht es den USA nicht.

Ein großer Teil der drastisch erhöhten Militärausgaben wird für amerikanische Waffenkäufe verwendet werden. 2024 verkaufte die USA Waffen und Munition im Wert von rekordverdächtigen 318,7 Mrd. USD ins Ausland, was einem Anstieg von bis zu 29 % gegenüber dem Vorjahr entspricht. Im Fünfjahreszeitraum 2019 bis 2023 stiegen die US-Waffenexporte, die an 107 Länder verkauft wurden, im Vergleich zum analogen Zeitraum 2014 bis 2018 um 17 %, und ihr Anteil an den weltweiten Exporten stieg von 34 auf 42 %. Der Großteil dieser Exporte ging nach Europa, wobei einer der größten Importeure Polen war, das allein 2023 fast 30 Mrd. USD für amerikanische Militärausrüstung ausgab. Dies wird in den kommenden Jahren wahrscheinlich noch mehr werden, da die Kosten für die Wartung und Instandhaltung der erworbenen Ausrüstung unterschätzt werden. Dies ist auch einer der Gründe, warum die

Hersteller so gerne schwere Ausrüstung verkaufen, da dies automatisch die künftige Nachfrage nach ihren Dienstleistungen und Ersatzteilen in die Höhe treibt. Bei einigen Waffenbereichen kann dies bis zu einem Drittel bis zur Hälfte des ursprünglichen Kaufpreises ausmachen.

In der Heimat würde Trump gerne militärische Verschwendung reduzieren; die ausländischen Verlierer sollen zahlen. Er unterstützt daher begeistert Musks Ideen in dieser Angelegenheit, wie er es auch in Bezug auf andere öffentliche Ausgaben tut, indem er ihn zum Leiter des neu geschaffenen Ministeriums für Regierungseffizienz (Department of Government Efficiency, DOGE) macht, um die Ausgaben des Verteidigungsministeriums zu überprüfen: „Let's check the military. We're going to find billions, hundreds of billions of dollars of fraud and abuse" („Lasst uns das Militär überprüfen. Wir werden Milliarden, Hunderte von Milliarden Dollar an Betrug und Missbrauch finden").[4] Die Behauptung, dass sie im Pentagon Missbrauch und Betrug begehen, ist eine ausgesprochen ernste Angelegenheit. Aber man muss sagen, dass sie den Schwung aufrechterhalten. Jetzt wird Musk auch in diesem Bereich in der Lage sein, leichter Ausgaben zu kürzen, da er über die Kettensäge verfügt, die ihm Präsident Milei, ein argentinischer Anarcho-Kapitalist und glühender Trump-Bewunderer, vor einer begeisterten Menge auf der Conservative Political Action Conference (CPAC) in der Nähe von Washington D.C. geschenkt hat. Übrigens traf Präsident Trump im Backstage-Bereich dieser Konferenz mit dem polnischen Präsident Andrzej Duda zusammen, was eine sehr kurze, weniger als zehn Minuten dauernde, aber gute Gelegenheit war, um das polnische Interesse an Käufen von US-Waffen und den Wunsch, die kostspielige Stationierung von US-Truppen in Polen fortzusetzen, zu bekräftigen.

An dieser Stelle ist es erwähnenswert, dass laut dem Stockholmer Internationalen Friedensforschungsinstitut (Stockholm International Peace Research Institute, SIPRI), die europäischen Waffenimporte aus den USA seit vielen Jahren steigen. Im Vergleich zu den Werten von 2014 bis 2018, als sie 35 % der gesamten europäischen Waffenimporte aus dem Ausland ausmachten, waren es zwischen 2019 und 2023 bereits 55 %. Natürlich will Trump, dass es noch mehr wird. Seiner Meinung nach gilt: Je mehr Waffen den Atlantik von West nach Ost überqueren, desto kleiner wird das US-Handelsdefizit sein. Und er hat recht, außer dass es der amerikanischen Wirtschaft auf Kosten der europäischen Steuerzahler zugutekommen wird, denn letztendlich sind sie es, die für die Rüstung bezahlen, nicht die Politiker, die manchmal, begleitet von den Medien, ihre Interessen missachten und ihre Ansichten manipulieren.

In Kenntnis dessen – aus Sorge um die Gewinne der heimischen Waffen- und Munitionsunternehmen (ohne ihre großzügige finanzielle Unterstützung während der Wahlkampagnen zu vergessen) und die Interessen der sehr einflussreichen militärisch-industriellen Lobby – stachelt Donald Trump naive Politiker im Ausland an. Und es gibt viele von denen, die unter dem Druck einer propagandistisch getriebenen Botschaft von vermeintlicher Sicherheit tatsächlich, manchmal unwissentlich, die lukrativen Interessen anderer – sowohl geschäftliche als auch politische – in Brüssel bei der NATO und in einigen anderen Hauptstädten fördern. Zu seinem tragikomischen „Drill, baby, drill!" sollte Trump ein schlaues „Buy, baby, buy!" hinzufügen, denn, wie er sagt, sind amerikanische Waffen wunderbar! Zur großen Zufriedenheit von Donald Trump und zum Unmut der Bevölkerungen der europäischen NATO-Mitgliedstaaten wurde auf dem Gipfel im Juni 2025 in Den Haag beschlossen, die Militärausgaben schrittweise auf 5 % des BIP zu erhöhen.

Die Situation wird immer gefährlicher, denn statt darauf abzuzielen, ein Gleichgewicht mit dem niedrigstmöglichen Niveau an Militärausgaben zu halten, intensiviert sich das Wettrüsten. Wenn die Amerikaner ihre Militärbudgets erhöhen, machen die Chinesen dasselbe. Diese Aussage kann umgekehrt werden: Wenn die Chinesen ihre Militärbudgets erhöhen, machen die Amerikaner dasselbe. In Peking sagen sie, dass mehr für Rüstung ausgegeben werden muss, da sie sehen, wie sie in Tokio und Seoul ihre militärischen Muskeln spielen lassen, wo Ursache und Wirkung umgekehrt sind. Das Gleiche gilt in Europa, wo die Militärausgaben noch schneller wachsen, wenn wir von Tallinn bis Paris hören (weniger so in Bratislava und Budapest, Athen und Rom, und besonders in Madrid und Lissabon), dass wir von Russland bedroht werden. Während sie in Russland hörens, dass wir sie bedrohen. Fremdenfeindlichkeit ist menschlich, daher können Mitteleuropäer und Westeuropäer Russland fürchten, und Russland hat das Recht, sie zu fürchten, außer dass die Annahme, dass Russland die NATO angreifen wird, ähnlicher Unsinn ist wie die Angst Russlands, dass die NATO sie angreifen wird. Es ist daher ein absurder psychologischer Krieg im Gange, der in wirtschaftlicher Hinsicht extrem kostspielig ist. Auch der moralische Schaden darf nicht übersehen werden.

Daher kann niemand sicher sein, was der andere wirklich denkt, denn in der Politik ist es normal, eine Sache zu denken und eine andere zu sagen. Das Gleiche gilt wahrscheinlich für Ansichten über eine russische Aggression gegen Polen, deren Möglichkeit von Politikern von Parteien, die in fast allen anderen Fragen im Konflikt stehen, nicht ausgeschlossen werden kann. Ein interessanter Kommentar wurde vom polnischen Arbeitgeberpräsidenten abgegeben, der an einen aussagekräftigen Satz aus einem Gespräch mit dem damaligen und jetzigen Premierminister erinnerte: „Donald Tusk sagte mir 2014: Wissen Sie, wenn ich Jarosław [Kaczynski, den Führer der Oppositionspartei, Recht und Gerechtigkeit, PiS] die Hand schütteln würde, müssten die Russen an der Grenze stehen."[5] Nun, sie stehen nicht dort.

Eine völlig entgegengesetzte Ansicht vertreten (zu) viele einflussreiche Politiker, angefangen beim US-Außenminister Marco Rubio, der für seine heftige Anti-China-Haltung bekannt ist. Der neue Generalsekretär der NATO, der ehemalige niederländische Premierminister Mark Rutte, ist auch keine Taube, was verständlich ist, da Tauben genauso in die NATO passen wie Falken in einen Taubenschlag. Dennoch sollte die Haltung von Kaja Kallas, der neuen Außenpolitikchefin der Europäischen Union, die bereits seit ihrer Zeit als estnische Premierministerin für ihren extremen Anti-Russismus bekannt ist, Anlass zur Sorge geben. In der Atmosphäre des Kalten Krieges bestimmte dies ihr Brüsseler Mandat und jetzt, da sie es hat, sagt sie: „Es sollte in keinem von uns Zweifel bestehen, dass wir mehr ausgeben müssen, um Krieg zu verhindern. Aber wir müssen uns auch auf Krieg vorbereiten." Wenn die Militärausgaben nicht radikal erhöht werden, so ihre Ansicht, ist jeder Euro, der für „Schule, Gesundheitsversorgung und Sozialleistungen [ausgegeben wird], gefährdet."[6] Es ist überraschend, dass sie, die noch vor kurzem die Regierungsarbeit geleitet hat, nicht versteht, dass eine Erhöhung des Anteils der Militärausgaben am BIP automatisch zu einer Verringerung seines relativen Niveaus anderswo führt, insbesondere bei den Ausgaben für Schulen, Gesundheitsversorgung und Sozialleistungen. So bereiten wir uns tatsächlich vor – auf Krieg, nicht auf Frieden. Denn der Kreml ist laut „The Economist" die Heimat eines „mörderischen Revanchisten, der seine Nachbarn überfällt, die Infrastruktur in ganz Europa sabotiert und sich überall in demokratische Wahlen einmischt."[7] In ganz Europa? Überall?

Nun, wenn das der Fall ist, dann müssen wir uns zweifellos bewaffnen. Und das tun wir auch. Entscheidungstragende Politiker feilschen darum, wer mehr ausgeben wird. Heute erscheinen selbst jene 5 % des BIP, die Präsident Trump lautstark gefordert hat, einigen nicht zu viel. Schlimmer noch, sie werden bald behaupten, dass es nicht genug ist. Zuerst wird Polen, als NATO-Führer in Bezug auf die Militärausgaben im Verhältnis zum nationalen Einkommen, stolz verkünden, dass es das erste Land ist, das die 5-Prozent-Marke erreicht hat. Um diesen Moment zu beschleunigen, unternahm der neue Pentagon-Chef Pete Hegseth (mit größter Mühe vom Senat bestätigt; sogar drei republikanische Senatoren stimmten gegen seine Nominierung und bei einem 50:50-Ergebnis gab die Stimme von Vizepräsident J.D. Vance den Ausschlag zu seinen Gunsten) als Teil seiner ersten Auslandsreise eine besondere Reise nach Polen. Und dann wird Trump – mit seinem Eigenlob – sich selbst die ganze Ehre zuschreiben. Wie erbärmlich ... Aber wie der große amerikanische Staatsmann Alexander Hamilton einst sagte: „Wenn das Schwert einmal gezogen ist, kennen die Leidenschaften der Menschen keine Grenzen der Mäßigung."[8]

Um Sicherheit zu gewährleisten, geht es nicht um exorbitante und ständig steigende Militärausgaben, sondern um die Aufrechterhaltung eines Verteidigungsniveaus, das nicht eine Überlegenheit der militärischen Macht garantiert – denn diese wird von der anderen Seite als Gefahr gesehen – sondern ein Gleichgewicht. Es ist notwendig, gerade genug auszugeben, um dieses Gleichgewicht aufrechtzuerhalten. Es gibt Zeiten, in denen es möglich ist, weniger auszugeben als zuvor, wenn es klug und effizient ausgegeben wird. Ohne doppelte Käufe, sondern durch Koordination ihrer Struktur und Reihenfolge, dabei Vollständigkeit und Kompatibilität sicherstellend. All diese Dinge fehlen der NATO und noch deutlicher der Europäischen Union, nicht Waffen, Panzer, Flugzeuge, Raketen oder Schiffe.

Ist es nicht verwunderlich, dass sich die Österreicher, Iren und Schweizer – Bürger von Ländern außerhalb der NATO – in Europa am sichersten fühlen? Unkluge und ungebetene ausländische Berater versuchten – und einige tun es immer noch –, sie dazu zu bringen, der Organisation beizutreten, aber sie handelten mit gesundem Menschenverstand und ließen sich nicht von dem Vorschlag verführen. Schweden und Finnland haben es anders gemacht, was interessant ist, da sie besonders von vielen Jahren der Neutralität profitiert haben, einschließlich während der Jahre des vorherigen Kalten Krieges. Mit relativ mehr Mitteln für die sozioökonomische Entwicklung mussten sie weniger für das Militär ausgeben. Sie ließen sich überreden, der NATO beizutreten, was aufgrund der langjährigen Vorbehalte der Türkei und Ungarns nicht ohne Schwierigkeiten 2023 für Finnland und 2024 für Schweden geschah. Die Auswirkung ist zweifach. Einerseits fühlen sie sich überhaupt nicht sicherer, weil sie in der bestehenden Situation zu Feinden Russlands geworden sind; zumindest sehen sie sich so. Andererseits müssen sie jetzt viel mehr für Rüstung ausgeben, nicht um sich gegen eine mögliche Invasion zu verteidigen, sondern weil die NATO-Mitgliedschaft sie zwingen wird, den Anteil der Verteidigungsausgaben am nationalen Einkommen erheblich zu erhöhen. Sie konnten bescheidene Mittel für diesen Zweck bereitstellen, aber jetzt werden sie viele Male mehr ausgeben müssen als neutrale Länder. Laut SIPRI-Daten betrugen die Verteidigungsbudgets der Nicht-NATO-Länder – Österreich, Irland und die Schweiz –2023 0,84, 0,22 und 0,70 % des BIP. Wir sollten hinzufügen, dass die Skandinavier bei ihrem Beitritt zur NATO dachten, es würde sie jährlich zwei Prozent des BIP kosten, aber jetzt haben sie erkannt, dass die finanzielle Belastung für ihre Geldbeutel viel größer sein wird.

Hohe Ausgaben für das, was man Verteidigungsausgaben nennt, schaden dem Wirtschaftswachstum. Die wirtschaftliche Dynamik wird noch stärker gehemmt, wenn die Wirtschaft langfristig mit steigenden jährlichen Militärausgaben wird. Solche Praktiken führen dazu, dass öffentliche Mittel von alternativen Verwendungen abgezogen werden, was das Wachstumstempo im Vergleich zu dem Wachstumspfad verlangsamt, der in einer Situation alternativer wachstumsfördernder Ressourcenverteilung erreicht werden könnte, was im Falle ihrer Finanzierung durch Erhöhung des Haushaltsdefizits besonders deutlich ist. Genau das ist in der Europäischen Union der Fall, wo die meisten Länder ihre Militärausgaben erhöhen, obwohl sie bereits dem übermäßigen Defizitverfahren unterliegen, das von der Europäischen Kommission auferlegt wurde. Der auffälligste Fall in dieser Hinsicht ist Polen, das den Anteil der Verteidigungsausgaben am BIP von 1,88 auf 4,12 % im Jahrzehnt 2014 bis 2024 erhöht hat, und dieses Verhältnis steigt weiter. In absoluten Zahlen bedeutet dies eine Erhöhung von 10,1 Mrd. auf 36,2 Mrd. USD oder um satte 258,4 %. 2025 betrug es bereits 4,7 % des BIP und soll 2026 über 5 % liegen.

Für die wirtschaftliche Dynamik – sowohl absolut als auch relativ – ist es nicht unerheblich, dass die Länder der Europäischen Union im Laufe dieses Jahrzehnts ihre Militärausgaben von 203 Mrd. auf 358 Mrd. USD oder um 76 % erhöht haben und ihr Anteil am BIP folglich erheblich gestiegen ist – in Deutschland von 1,19 auf 2,12 %, in den Niederlanden von 1,15 auf 2,05 % –, während in den USA dieses Verhältnis von 3,71 % im Jahr 2014 auf 3,38 % im Jahr 2024 gefallen ist. Wie zu vermuten ist, ist dies einer der Gründe für die Unterschiede in den Wachstumsraten zwischen den USA und der EU. Während die USA im Jahrzehnt 2015 bis 2024 ein durchschnittliches jährliches BIP-Wachstum von 2,5 % hatten, lag das der Europäischen Union nur bei 1,8 %. 2024 betrug es in den USA 2,2 % und in der Eurozone nur 0,2 %.

Die Denkweise der Befürworter hoher Militärausgaben ist einfach: Je höher ihr Anteil am BIP ist, desto mehr Geld haben sie zur Verfügung. Dies ist logisch, aber nur im Falle von Wirtschaftswachstum. Im gegenteiligen Fall, bei einem Rückgang des BIP, würden sie sich bereitwillig und schnell von der Berechnung der Größe der Militärbudgets als Prozentsatz des nationalen Einkommens distanzieren und eine Erhöhung der absoluten Beträge oder zumindest die Beibehaltung ihres realen Wertes fordern. Denn es geht um echtes Geld, nicht um Prozentsätze. Die Sache wird jedoch langfristig komplizierter, was in Berechnungen und in der Politik am häufigsten übersehen wird.

Betrachten wir den realen und hypothetischen Fall von Polen, das mit einem BIP von fast einer Billion Dollar im Jahr 2025 fast fünf Prozent davon für die nationale Verteidigung ausgibt. Daher verbraucht die nationale Verteidigung 50 Mrd. USD, vorausgesetzt, der Wechselkurs für den USD beträgt 4,00 PLN. Es geht um die Milliarden, nicht um die

Prozentsätze; Waffen und Panzer werden mit Dollar gekauft, nicht mit Prozentsätzen, militärische Kader und ihre Einrichtungen werden in Geld bezahlt, nicht in Prozentsätzen.

Die jahrelange hohe Absorption von Geldern durch den militärischen Komplex, der das Geld von anderen Verwendungen abzieht, insbesondere solchen, die die Produktion stimulieren, führt zu einem langsameren Wachstum. Infolgedessen ist das nationale Einkommen Jahr für Jahr, obwohl es steigt, geringer, als es in einer hypothetischen Situation sein könnte, in der weniger für das Militär ausgegeben würde. Es kann daher passieren, dass in zukünftigen Jahren, trotz eines hohen Prozentsatzes des BIP, aber aufgrund seines niedrigeren absoluten Wertes, die vom Militär erhaltenen Beträge geringer sein werden. Wenn das BIP in einem bestimmten Jahr in der Zukunft 1,25 Billionen USD beträgt, werden fünf Prozent für die Verteidigung 62,5 Mrd. USD entsprechen. Aber wenn auf dem Weg zu diesem zukünftigen Jahr weniger, sagen wir vier Prozent des BIP, für das Militär ausgegeben würden und die so freigesetzten Mittel zur Verbesserung der wirtschaftlichen Infrastruktur übertragen würden, könnte dies die Wirtschaft dynamisieren und das BIP auf einen Wert von beispielsweise 1,75 Billionen USD bringen. Und dann würde es – mit einem um einen Prozentpunkt niedrigeren Anteil an Militärausgaben – 70 Mrd. USD erhalten, also zwölf Prozent mehr.

Notes

1. „Donald Trump's victory was resounding. His second term will be, too", „The Economist", 7. November 2024 (https://www.economist.com/briefing/2024/11/07/donald-trumps-victory-was-resounding-his-second-term-will-be-too; Zugriff am 07.03.2025).
2. „Donald Trump's economic delusions are already hurting America", „The Economist", 8. März 2025 (https://www.economist.com/leaders/2025/03/06/donald-trumps-economic-delusions-are-already-hurting-america; Zugriff am 7. März 2025).
3. „Europe will need to pull all the levers to up its defence spending", „The Economist", 1. März 2025 (https://www.economist.com/europe/2025/02/27/europe-will-need-to-pull-all-the-levers-to-up-its-defence-spending; Zugriff am 27.02.2025).

4. „Trump to Unleash Musk, DOGE on Military: Expects to Find ‚Fraud and Abuse'", „Newsweek", 9. Februar 2025 (https://www.newsweek.com/trump-unleash-musk-doge-military-expects-find-fraud-abuse-2028497; Zugriff am 15.02.2025).
5. Rafał Dutkiewicz, „Dwóch liderów, dwie narracje, jeden kraj", „Wszystko co najważniejsze" („Zwei Anführer, zwei Erzählungen, ein Land.", „Alles, was zählt") 20. August 2024 (https://wszystkoconajwazniejsze.pl/rafal-dutkiewicz-po-pis/; Zugriff am 25.02.2025).
6. „EU's Kallas: Russia is posing an existential threat to our security", Reuters, 22. Januar 2025 (https://www.reuters.com/world/europe/eus-kallas-russia-is-posing-an-existential-threat-our-security-2025-01-22/; Zugriff am 15.02.2025).
7. „The Putinisation of central Europe", „The Economist", 11. Januar 2025 (https://www.economist.com/leaders/2025/01/07/the-putinisation-of-central-europe; Zugriff am 15.02.2025).
8. „Alexander Hamilton Quotes", „Lib Quotes" (https://libquotes.com/alexander-hamilton/quote/lbn6o7m; Zugriff am 17.07.2025).

12

Das Gebot einer neuen Entwicklungsstrategie

Leider werden keine angemessenen politischen und praktischen Schlussfolgerungen aus dem umfassenden Bericht „Die Zukunft der europäischen Wettbewerbsfähigkeit",[1] der von Mario Draghi, dem ehemaligen Präsidenten der Europäischen Zentralbank und Premierminister von Italien, für die Europäische Kommission erstellt wurde. gezogen. Es handelt sich um ein inhaltlich wertvolles Dokument, das von einem technokratischen Team erstellt wurde, das genau weiß, worum es geht. Unter anderem – oder hauptsächlich – geht es darum, die Investitionen in den technologischen Fortschritt angesichts harter Konkurrenz, vor allem aus den USA und China, radikal zu erhöhen. Trotzdem bereitet sich die Europäische Union darauf vor, immer mehr Geld, von dem ein Teil aus zusätzlichen gemeinsamen Schulden stammen soll, nicht etwa in Wissenschaft und Technologie (zumindest nicht für zivile Zwecke), sondern ins Militär zu stecken. Das ist nicht der richtige Weg.

Um die Auswirkungen auf die Dynamik der wirtschaftlichen Entwicklung in der Zukunft zu sehen, genügt es, die Ausgaben für Forschung und Entwicklung (F&E) und die Anzahl der Beschäftigten in F&E-unterstützenden Sektoren im Kern des geopolitischen Systems, d. h. im Dreieck der Vereinigten Staaten, der Europäischen Union und China, zu vergleichen. Die Vereinigten Staaten führen mit insgesamt 3,59 % des BIP, die für F&E im privaten und öffentlichen Sektor ausgegeben werden. China, das dafür 2,56 % zuweist, liegt auf dem zweiten Platz und die Europäische Union, mit einer Rate von 2,22 %, rangiert nur auf dem dritten Platz (Daten für 2023). Polen zieht den EU-Durchschnitt nach unten, da F&E-Mittel nur 1,5 % des BIP ausmachen. Österreich, Belgien, Finnland, Deutschland und Schweden sind die Spitzenreiter mit Raten von über drei Prozent. Auch die anderen großen Volkswirtschaften der Welt geben erhebliche Beträge für F&E aus; das Vereinigte Königreich 2,91, Japan 3,3 und Südkorea sogar 4,91 % des BIP (nach Angaben der Weltbank für das jüngste Jahr, für das vergleichbare Daten verfügbar sind).[2] Darüber hinaus ist Kapital, das nach Investitionsmöglichkeiten sucht, fast überall in den USA vorhanden, in Europa hingegen knapp.

Statt in die Fußstapfen dieser Länder zu treten und die F&E-Ausgaben zu verdoppeln, hat Polen in den letzten Jahren die Militärausgaben verdoppelt. Dies ist ein strategischer Fehler, zumal die durch größere Investitionen in moderne arbeitssparende Technologien erzielbaren Produktivitätsgewinne die negativen Auswirkungen demografischer Prozesse ausgleichen können. Mit einer alternden Bevölkerung, die zu einem Rückgang des Arbeitskräfteangebots führt, kann der damit verbundene Verlust an Produktionsdynamik durch eine Steigerung der Arbeitsproduktivität, die durch technologischen Fortschritt angeregt wird, mehr als ausgeglichen werden. Ohne dies wird die Produktivität, die so wichtig für die wirtschaftliche Entwicklung ist, nicht verbessert.

Wo in absoluten Zahlen auf der anderen Seite des Nordatlantiks fast eine Billion Dollar pro Jahr für F&E ausgegeben wird, ist es auf der EU-Seite, die rund 100 Mio. Menschen mehr beheimatet, weniger als eine halbe Billion (411 Mrd. im Jahr 2023). Bemerkenswert ist, dass die schnellste Verbesserung in dieser Hinsicht in China und die langsamste in der Europäischen Union zu verzeichnen ist. Darüber hinaus beschäftigt China die größte Anzahl von Menschen in F&E. Während es 2023 in China über 2,3 Mio. Menschen gab, waren es in der EU 1,9 Mio. und in den USA 1,6 Mio.

Es ist nur schade, dass sowohl in den USA als auch in China ein erheblicher Anteil der F&E-Ausgaben in den Rüstungssektor fließt. Wenn die dort erzielten Ergebnisse teilweise auf zivile Anwendungen übertragbar sind, kann der auf diese Weise erzielte Fortschritt direkt durch die Übertragung von Ressourcen auf die zivilen Sektoren erzielt werden. Das ist zwar nicht immer der Fall, trifft aber auf die überwiegende Mehrheit von ihnen genau zu.

Und jetzt, wo wir uns mit zunehmender Intensität in Richtung eines grünen und technologischen Europas bewegen sollten, erheben sich Stimmen von denen, die gegen einen konzentrierten und gut gezielten Kampf gegen die globale Erwärmung sind, und von Befürwortern des Militarismus. Anstatt die einzigartige Gelegenheit zu nutzen, die das Zusammentreffen des Draghi-Berichts und der polnischen Präsidentschaft der Europäischen Union bietet, wird diese Gelegenheit verschwendet. Unter solchen Umständen wäre es gut, Forderungen nach Mäßigung des Rüstungswahnsinns und der Übertragung der dort freigesetzten finanziellen Ressourcen auf den Umweltschutz und die sinnvolle Stärkung der Produktivkräfte – Technologie und Humankapital – zu stellen, um den Lebensstandard der Bevölkerung zu verbessern.

Leider ziehen es einige Politiker – vielleicht unwissentlich – vor, diesen Standard für jemand anderen, weit weg, auf Kosten derer zu verbessern, die hier leben und arbeiten. Es ist bezeichnend, dass der europäische Donald, ohne sich genug um die Qualität des Schwungrads der sozioökonomischen Entwicklung, d. h. den wissenschaftlichen und technologischen Fortschritt, zu kümmern, – zweifellos in Anspielung auf den amerikanischen Donald mit seinem Ruf *Make America Great Again!* – im Europäischen Parlament als Premierminister von Polen, der die EU-Präsidentschaft innehat, sagt: „Europa war, ist und wird großartig sein."[3] Wie man vermuten kann, im Gegensatz zu den USA, die großartig waren und sein sollen, aber vorerst, laut Trump, nicht sind.

Hoffen wir, dass Europa nicht nur aufgrund seiner eigenen Kultur, sondern auch einer modernen und global wettbewerbsfähigen Wirtschaft großartig sein wird. Die Chancen dafür wären weitaus größer gewesen, wenn EU-Politiker auf die Ratschläge und Vorschläge von Mario Draghi statt auf Donald Trump gehört hätten. Eine Wirtschaft, die viele Male mehr für das Militär als für F&E ausgibt, kann nicht schnell wachsen. Den Wettbewerb um sozioökonomische Entwicklung und verbesserte Lebensqualität werden die Wirtschaften gewinnen, die mehr für F&E als für das Militär und Rüstung ausgeben können.

Der amerikanische Donald, der behauptet, dass die Vereinigten Staaten seinetwegen großartig sein werden, zeigt sich gerne im Oval Office mit einem Porträt von George Washington, dem ersten US-Präsidenten von 1789 bis 1797, im Hintergrund. Der polnische Donald, der 2025 als das Jahr des Durchbruchs bezeichnet, erwähnte den ersten König des Landes tausend Jahre nach seiner Krönung: „Tatsächlich haben wir uns, etwas dem Vorbild von Boleslaw dem Tapferen folgend, entschieden – und das ist wahrscheinlich unsere Art von nationaler gegenseitiger Verpflichtung – eine neue Phase zu beginnen."[4] Mit einem Haushaltsdefizit von über sechs Prozent des BIP? Mit Militärausgaben, die dreimal so hoch sind wie die für Forschung und Entwicklung? Ohne eine nachhaltige Entwicklungsstrategie, die den heutigen Herausforderungen gerecht wird? Ohne eine gute Idee zur Stärkung der EU-Wirtschaft? George Washington und Boleslaw der Tapfere müssen sich in ihren Gräbern umdrehen ...

Abgesehen von den Autoren und ihrem propagandistischen Hintergrund wird niemand die Wirtschaftspolitik sowohl des „guten Wandels" 2015 bis 2023 als auch der „grünen Insel", die ihm vorausging, als strategische Erfolge betrachten. Es werden nun Fragen aufkommen, warum aus dem von Premierminister Tusk erklärten „Jahr des Durchbruchs", das angeblich eine „neue Phase" einleiten sollte, kein großer Nutzen gezogen wird. Viel von dem Medienrummel wurde durch die Propagandashow erzeugt, die die Regierung an der Warschauer Börse organisiert hatte, und die Ankündigungen, die der Premierminister dort gemacht hatte, dass diese „neue Phase" durch die Zuweisung von bis zu 690 Mrd. PLN (ca. 170 Mrd. USD) für Investitionen im Jahr 2025 eingeleitet würde. Nun, das ist nicht „so viel", sondern „nur". Ein solcher Betrag wäre ohnehin unvermeidlich zugeteilt worden, auch ohne die lauten Auftritte. Diese Hunderte von Milliarden mögen für den Laien beeindruckend sein, aber es sind nur 17,5 % des BIP.

Ich glaube, dass für einen echten Durchbruch in dieser Hinsicht etwa fünf Prozentpunkte mehr benötigt würden, um eine Investitionsquote von 22 bis 23 % des BIP zu erreichen. Zwei echte Durchbrüche sind notwendig, um dies zu erreichen. Einer hängt von der Regierung ab, der andere könnte sich auf der Seite der Privatwirtschaft abspielen. Die Regierung könnte die Investitionsfront um mindestens zwei Prozentpunkte –

12 Das Gebot einer neuen Entwicklungsstrategie

auf 19,5 % des BIP – stärken, durch eine mutige Entscheidung, unnötige Militärausgaben zu reduzieren. Ja, das erfordert mehr Mut als die heldenhafte Teilnahme am Kalten Krieg, daher ist es wahrscheinlich schwierig, derzeit auf eine solche Neuausrichtung zu hoffen. Gut gezielte staatliche Investitionen – vor allem zur Entwicklung der wirtschaftlichen Infrastruktur und zur Stärkung der Qualität des Humankapitals – hätten Multiplikatoreffekte, die wiederum private Unternehmer dazu ermutigen würden, ihre Investitionsausgaben zu erhöhen.

Die von der Regierung angekündigte Deregulierung der Wirtschaft könnte die Investitionsneigung erhöhen, vorausgesetzt, sie endet nicht in leeren Worten, sondern wird sinnvoll umgesetzt. Auf diesem Weg könnte die Investitionsquote um weitere zwei Prozentpunkte auf ein Niveau zwischen 21,5 und 22,0 % des BIP erhöht werden. Damit dies geschieht, müssen Unternehmer sehen, dass die Regierung eine umfassende Strategie für eine langfristige dynamische Entwicklung hat. Leider ist dies nicht der Fall. Wenn sie es täten, würden sie wahrscheinlich mehr investieren wollen, aber der Wille allein reicht noch nicht aus. Private Unternehmen haben Geld zum Investieren, da sie große Kapitalressourcen auf Bankkonten halten, was nicht sehr produktiv ist (was für eine Art von Unternehmertum ist das?); im Q1/2025 waren es mehr als 500 Mrd. PLN (ca. 125 Mrd. USD). Wenn nur ein Drittel davon investiert würde, würde die Investitionsquote um fast vier Prozentpunkte steigen.

Sie könnte noch um mindestens einen weiteren Punkt erhöht werden, wenn die Gesamtpolitik dazu beitragen würde, die Sparquote, d. h. den Anteil der Haushaltseinsparungen am Volkseinkommen, zu erhöhen. All dies sollte durch einen größeren Zustrom von ausländischen Direktinvestitionen als bisher verstärkt werden. Neben dem bereits zunehmenden Zustrom aus den verschiedenen Volkswirtschaften des Westens wäre es gut, einen schnelleren Zustrom aus China im Rahmen der Belt and Road Initiative (BRI) zu fördern. Die Regierung tut nichts in dieser Hinsicht, wahrscheinlich folgt sie eher politischer als wirtschaftlicher Logik.

In jedem anständigen Unternehmen muss jemand die Rolle des Chefökonomen innehaben. Das Gleiche gilt für die Volkswirtschaft, insbesondere in kritischen Zeiten. Wenn diese Person und ihr Team ihre Politik weiterhin auf Wissen statt auf Emotionen stützen, wenn sie das allgemeine Interesse statt den Partikularismus im Auge behalten, wenn sie diskutieren statt klug sein zu wollen, wenn sie unpopuläre Entscheidungen treffen statt mit Beiträgen auf der Plattform X Popularität zu suchen, dann können sie erfolgreich sein. Eben: Wo ist der Chefökonom der Republik Polen mit einer ganzheitlichen Sichtweise gerade jetzt – in dieser komplexen und kritischen Situation? Ohne einen solchen ist es schwierig, eine prägnante Wirtschaftsstrategie zu haben, geschweige denn eine erfolgreiche, da weder der Markt selbst mit seiner deregulierten Spontaneität noch die Europäische Union mit ihren unkoordinierten Interventionen dies garantieren.

Im Falle der „Strategie für Polen", die ein mittelfristiges Programm für nachhaltige Entwicklung in Verbindung mit strukturellen Reformen und dem Aufbau von Marktwirtschaftsinstitutionen war, herrschte die ganzheitliche Sichtweise vor.[5] Bei der Umsetzung dieses Konzepts in den Jahren 1994 bis 1997, das sowohl ein politisches als auch ein wirtschaftliches Dokument war, lag der Fokus nicht nur auf den aktuellen internen und externen Bedingungen, sondern vor allem auf langfristigen strategischen Zielen. Sie zielten auf eine ständige und wahrnehmbare Verbesserung der Lebensbedingungen der Bevölkerung ab, die durch die Stärkung der Wettbewerbsfähigkeit der heimischen Wirtschaft erreicht werden sollte. Die Wirtschaft sollte sich dreifach nachhaltig entwickeln – wirtschaftlich, sozial und ökologisch – und institutionell in Richtung einer sozialen Marktwirtschaft bewegen. Der Ausgangspunkt war, das Ziel korrekt zu formulieren und mit den Mitteln zu verwechseln, um dorthin zu gelangen. Ein schnelles Produktionswachstum und die Ausbalancierung des Haushalts, die Privatisierung von Staatseigentum und die Entmonopolisierung von Industrie und Dienstleistungen, die Stabilisierung des Wechselkurses und positive Realzinsen wurden alle eher als politische Instrumente denn als politische Ziele gesehen.

Jede Periode hat ihre eigenen Merkmale. Jene Tage waren ganz anders als heute, mit Trump 2.0, der eine bereits schwierige Situation weiter verkompliziert.[6] Damals, nach dem Ende des vorherigen Kalten Krieges, war es möglich, das Nachlassen der internationalen Spannungen und den Fortschritt der Globalisierung, die die grenzüberschreitenden Wirtschaftsbeziehungen liberalisierte, außer Acht zu lassen. Die Periode der „Strategie für Polen" bewahrte die Wirtschaft nicht nur vor ihrer neo-

12 Das Gebot einer neuen Entwicklungsstrategie

liberalen Schlagseite, die in der früheren „Schocktherapie" inhärent war, sondern auch vor populistischen Abweichungen. Leider machten sich diese Abweichungen – sowohl neoliberal als auch populistisch – später auch bemerkbar. Manchmal dominierte das eine, manchmal das andere, und am schlimmsten war es, wenn beide gleichzeitig miteinander vermischt waren. Damit haben wir es wieder zu tun, was der Hauptsystemgrund dafür ist, dass es schwierig ist, den benötigten Durchbruch zu erwarten. Fade Wirtschaftspolitiken, die kontinuierlich verfolgt werden, können kein Erfolgsrezept sein.

Politik ist eine äußerst schwierige Kunst des Kompromisseschließens. Der Punkt ist jedoch, dass es keine faulen Kompromisse geben sollte, bei denen alle mehr oder weniger gleich unzufrieden sind, sondern kreative Kompromisse, bei denen die Parteien gleichermaßen, wenn auch nicht vollständig zufrieden sind. Politik ist auch die Fähigkeit, Chancen zu ergreifen, die in einer geopolitischen Konstellation reichlich vorhanden sind, die heutzutage in der Sphäre des technologischen Fortschritts und bei internationaler Arbeitsteilung kompliziert wird. Letztlich ist Politik eine auf Wissen basierende konsensuale Entscheidungsfindung zur Lösung von Konfliktsituationen, die Massen von Menschen betreffen. Ziel ist es, so viel Wissen wie möglich, so wenig Dilettantismus wie möglich, so viel gesunden Menschenverstand wie möglich und so wenig ungesunde Emotion wie möglich zu haben.

Die Wirtschaft ist nicht nur überreguliert – oder genauer gesagt, schlecht reguliert –, sondern vor allem über-sozialisiert und übermilitarisiert. Es gibt nicht genug Ressourcen für Pro-Entwicklungs-Investitionen in Infrastruktur und Humankapital, aber ein erheblicher Pool wird für fehlgeleitete Sozialtransfers und Militärausgaben verschwendet, die die Sicherheit nicht erhöhen. Um ein mehrjähriges politisches Programm zu skizzieren und die wichtigsten unmittelbaren wirtschaftlichen Aufgaben zu spezifizieren, ist es daher nötig, von einer langfristigen Vision von mehreren Jahren für die Verbesserung des Zustands des vernetzten Staates, der Gesellschaft und der Wirtschaft auszugehen.

Ein guter Staat ist einer, der, während er die innere und äußere Sicherheit seiner Bürger gewährleistet, zugleich die soziale Kohäsion und die Kapitalbildung fördert. In beiden Fällen ist die Situation weniger als ideal. Im ersten Fall schwächt sich die soziale Kohäsion eher ab, als dass sie gedeiht. Statt stärker zu integrieren, wird die Gesellschaft polarisiert. Die Bürger verlieren das Vertrauen in den Staat und seine Institutionen, insbesondere das Recht, und das Misstrauen gegenüber wechselseitigen Beziehungen zwischen verschiedenen Bevölkerungsgruppen wächst. Die sozialen Beziehungen werden zunehmend aggressiver und immer weniger versöhnlich.

Aus der Sicht der Entwicklungsbedürfnisse ist das Niveau der Ersparnisse und Investitionen sowohl durch privates Kapital, das durch regulatorische sowie fiskalische und monetäre Politiken nicht ausreichend dazu angeregt wird, als auch durch öffentliche Mittel, die weit davon entfernt sind, optimal genutzt zu werden, zu niedrig. In diesen schwierigen Zeiten, angesichts der enormen Anhäufung von internen und externen Herausforderungen, ist eine neue umfassende Entwicklungsstrategie ein Muss.

Notes

1. „The future of European competitiveness", Teil A: „A competitiveness strategy for Europe" (https://commission.europa.eu/document/download/97e481fd-2dc3-412d-be4c-f152a8232961_en?filename=The%20future%20of%20European%20competitiveness%20_%20A%20competitiveness%20strategy%20for%20Europe.pdf; Zugriff am 15.02.2025). Teil B: „In-depth analysis and recommendations", European Union, Brüssel, September 2024 (https://commission.europa.eu/document/download/ec1409c1-d4b4-4882-8bdd-3519f86bbb92_en?filename=The%20future%20of%20European%20competitiveness_%20In-depth%20analysis%20and%20recommendations_0.pdf; Zugriff am 15.02.2025).
2. „World Bank Group. Data", Weltbank, Washington D.C., 11. Mai 2011 (https://blogs.worldbank.org/en/developmenttalk/the-warsaw-initiative; Zugriff am 15.02.2025).
3. „Premier Tusk w PE: Europa była, jest i będzie wielka" („Premierminister Tusk im EU-Parlament: Europa war, ist und bleibt großartig."), Polnische Presseagentur, 21. Januar 2025 (https://www.pap.pl/aktualnosci/premier-tusk-w-pe-europa-byla-jest-i-bedzie-wielka; Zugriff am 25.02.2025).

4. „Tusk przedstawił plan gospodarczy dla Polski. Tylko w 2025 roku inwestycje wyniosą niemal 700 mld zł" („Tusk stellte einen Wirtschaftsplan für Polen vor. Allein im Jahr 2025 werden sich die Investitionen auf fast 700 Mrd. Złoty belaufen."), Wirtschaftsteil der Dziennik Gazeta Prawna, 10. Februar 2025 (https://biznes.gazetaprawna.pl/artykuly/9735707,tusk-przedstawil-plan-gospodarczy-dla-polski-tylko-w-2025-roku-inwest.html; Zugriff am 15.02.2025).
5. Grzegorz W. Kolodko, D. Mario Nuti, „The Polish Alternative. Old Myths, Hard Facts and New Strategies in the Successful Transformation of the Polish Economy", WIDER, Helsinki 1997.
6. Grzegorz W. Kołodko, „From Shock to Therapy. The Political Economy of Postsocialist Transformation", Oxford University Press, Oxford and New York, 2000.

13

Wie man eine Gelegenheit verpasst

Genau wie jetzt eine Gelegenheit verpasst wird, etwas Nützliches auf einer breiteren, internationalen Ebene zu tun, wurde eine Gelegenheit, die sich Polen während unserer ersten EU-Präsidentschaft – in der zweiten Hälfte von 2011 – bot, verschwendet. Damals schlug ich erfolglos die „Warschauer Initiative" vor, bei der es um eine koordinierte europäische Beratungshilfe für wirtschaftlich weniger fortgeschrittene Länder gehen sollte. Ich schrieb damals: „Durch seine bevorstehende EU-Präsidentschaft sollte Polen andere Regionen der Welt inspirieren, die ihren eigenen Entwicklungsweg suchen (…) Polen hat der Welt mehr zu bieten als nur ein Hundertstel der globalen Produktion und ein Zweihundertstel seiner Einwohner. Wir wissen, wie wir unsere eigene Erfahrung bei der Umsetzung von Strukturreformen, der Ausübung regionaler Integration zur Förderung des Wachstums, der Schaffung demokratischer Institutionen und schließlich dem Aufbau einer Zivilgesellschaft nutzen können. Jetzt ist die Zeit – und ein Muss –, Initiative in diesen Bereichen zu zeigen. Wo sollte sie entstehen, wenn nicht in der Europäischen Union? Angesichts der polnischen Präsidentschaft und unserer Errungenschaften sollte dies die Warschauer Initiative sein. Ich behaupte nicht, dass Polen bessere Experten hat als jedes andere Land; das hat es nicht. Aber wir haben erfahrene Praktiker. Die Teilnahme an der Warschauer Initiative soll auf einer *Toutes-proportions-gardées*-Basis stattfinden, aber sie sollte der Welt während unserer EU-Präsidentschaft und in unserer Hauptstadt angeboten werden. Warum? Weil Polen durch die europäische Integration viel gewonnen hat. Aufgrund der Vorteile, die sich aus der Schaffung moderner Marktinstitutionen und der Öffnung für breite externe Kontakte, kulturelle, politische und wirtschaftliche, ergeben, ist dies ein relativ erfolgreiches Land. Wir haben viele Fähigkeiten erworben, die wir teilen sollten, auch mit den Völkern entfernter Länder, auf anderen Kontinenten. Es besteht jedoch kein Zweifel, dass der Kanal für die Übertragung dieses einzigartigen Know-hows die Europäische Union sein muss. Polen darf weder vorgreifen noch weiterhin Schlusslicht bleiben. Da wir nicht in der Lage sind, anderen Nationen finanziell zu helfen, ist es natürlicher, ihnen dabei zu helfen, sich selbst zu helfen. Wir haben vielleicht kein Geld, aber uns sollte nie die Initiative ausgehen. Polnische Initiative, europäisches Projekt, weltweite Gewinne."[1]

Es ist schade, aber dieser Vorschlag wurde nicht aufgegriffen. Die damaligen Behörden (ist es nicht ein interessanter Zufall, dass sie den jetzigen ähnlich sind?) haben die Initiative nicht ergriffen, und leider hat diese Präsidentschaft keinen bedeutenden Eindruck hinterlassen. Dieses Mal wird vielleicht ein solcher Eindruck hinterlassen – eine weitere Vertiefung der Militarisierung von Politik und Wirtschaft – aber das wird nicht viel Positives bewirken. Stattdessen werden sowohl die USA als auch China die Wettbewerbsfähigkeit ihrer Wirtschaften weiter verbessern und sich gegenüber einem relativ schwächelnden Europa wappnen.

Wissenschaftliche und wirtschaftspolitische Koordinatoren in der EU sollten die Forschung und Umsetzung effektiver als bisher unterstützen. Wenn die Politik in dieser Hinsicht wirklich europäisch und integriert wäre, anstatt ein Flickenteppich von Politiken in 27 Mitgliedstaaten zu sein, dann würde die EU mit der intellektuellen Klasse europäischer Gelehrter und dem handwerklichen Geschick der Unternehmer immer wieder auf Augenhöhe mit oder sogar besser als die USA, China und Japan rangieren. Leider hinken wir in vielen Bereichen hinterher, manchmal auch weit hinter dem technologischen Vorsprung einiger asiatischer Länder und Kanadas.

Nach der Analyse des Australian Strategic Policy Institute (ASPI), das ein entsprechendes Benchmarking auf der Grundlage einer umfassenden Überprüfung der Quantität und Qualität von Patenten und Veröffentlichungen in führenden wissenschaftlichen Zeitschriften durchgeführt hat, gibt es bei den 44 als am relevantesten für die Entwicklungsaussichten betrachteten Technologien kein EU-Land, das den ersten oder zweiten Platz belegt (auch das Vereinigte Königreich nicht), was nicht mehr nur ein Warnzeichen, sondern ein Alarmsignal sein sollte. Italien belegt dreimal den dritten Platz, Deutschland zweimal und Frankreich einmal. Somit werden von den 132 Plätzen auf diesen Podien (drei Medaillenplätze in 44 Kategorien) nur sechs von EU-Mitgliedsländern eingenommen. Indien nimmt sogar 15 Plätze ein, das Vereinigte Königreich 13 und Japan einen. Die vierten Plätze werden von Deutschland (13-mal) dominiert, dem sich unter den EU-Ländern nur Italien (zweimal) anschließt; auch der Iran ist dort – zweimal. Das Vereinigte Königreich belegt in acht Kategorien den vierten Platz. Auf dem fünften Platz sind EU-Länder nur in sieben Fällen und das Vereinigte Königreich in acht Fällen aufgeführt. Im Vergleich dazu konnten sich asiatische Länder in diesen Plätzen sogar 17-mal und Australien siebenmal finden. Es ist erwähnenswert, dass Russland bei 220 Chancen nur einmal in diese Top-Fünf fällt – auf dem letzten Platz in Technologien, die, wie es ihm gebührt, mit „fortgeschrittenen Sprengstoffen und Energiewerkstoffen" zusammenhängen.[2]

Nur siebenmal wird die Position des Anführers von den Vereinigten Staaten gehalten, und in diesen Fällen ist China auf Platz 2. Im Gegensatz dazu führt China in den anderen 37 Kategorien, und die USA sind 32-mal auf Platz 2. Bei den anderen fünf Fällen, in denen der zweite Platz eingenommen wird, wird er viermal von Indien (intelligente Materialien, fortschrittliche Verbundwerkstoffe, hochspezifische Verarbeitung und Biokraftstoffe) und einmal von Südkorea (Superkondensatoren) belegt. Verständlicherweise bereitet dies daher den US-Behörden ernsthafte Sorgen, unabhängig davon, ob Demokraten oder Republikaner an der Macht sind.

Was wichtig ist: China hat die USA in sechs der sieben Schlüsselverteidigungstechnologien übertroffen. Dazu gehören fortschrittliche Flugzeugmotoren, Drohnen und kollaborative Roboter, Hyperschall-Sensorik und -Tracking, hochentwickelte Robotik, autonome Systeme und Weltraumstartsysteme. Die USA führen nur im Bereich der Kleinsatelliten. Darüber hinaus verliert die USA zunehmend ihre Führungsposition in den nun hochkarätigen Technologien im Zusammenhang mit künstlicher Intelligenz (KI) gegenüber China. Wie spektakulär war in dieser Hinsicht Schock angesichts des Erfolgs von DeepSeek, einem chinesischen KI-Start-up. Jetzt – nachdem der Aufruhr um TikTok abgeklungen ist – werden wir herausfinden, welche Sicherheitsbedrohung DeepSeek darstellt, von dem kaum jemand zuvor gehört hat. Eine Woche nachdem Präsident Trump, begleitet von drei Führungskräften von US-Unternehmen, die an der KI-Entwicklung beteiligt sind, eine monumentale Investition von 500 Mrd. USD in den Sektor (hauptsächlich durch private Unternehmen) angekündigt hatte, reduzierte eine Marktpanik an einem einzigen Tag, dem 27. Januar 2025, den Wert von Nvidia, dem weltweit teuersten Unternehmen, das hochentwickelte Mikrochips produziert, um fast 600 Mrd. USD – eine historische Rekordsumme. Nur 25 Länder verfügen über ein jährliches Bruttoinlandsprodukt, das diesen Betrag übersteigt. Dies zeigt, wie unsinnig der Kapitalismus der Aktienmärkte sein kann, wenn der Aktienkurs eines großen Unternehmens an einem Tag um 17 % fallen und gleich am nächsten Tag um neun Prozent steigen kann.

Und Europa gibt immer mehr für Rüstung aus und spart an Wissenschaft und technologischem Fortschritt. Um das Ganze noch schlimmer zu machen, wirft die Struktur der F&E-Ausgaben viele Bedenken auf. In Washington und Peking reiben sie sich die Hände. Und im Kreml noch mehr, denn sicherlich kümmert sich dort niemand um die Vertiefung der europäischen Integration und die Stärkung der EU-Wirtschaft.

Notes

1. „The Warsaw Initiative", „Let's Talk Development", Weltbank, Washington D.C., 11. Mai 2011 (https://blogs.worldbank.org/en/development-talk/the-warsaw-initiative; Zugriff am 15.02.2025).

2. Jamie Gaida, Jennifer Wong-Leung, Stephan Robin und Danielle Cave, „Critical Technology racker: The global race for future power", Das Australische Strategische Politikinstitut, ASPI, Sydney, 2024 (https://www.aspi.org.au/report/critical-technology-tracker; Zugriff 17.02.2025).

14

Neuer Pragmatismus

Die einzigartige Konvergenz von Megatrends, die die Realität in all ihren Dimensionen prägen – technologisch, wirtschaftlich, kulturell, sozial, politisch, ökologisch und sicherheitsrelevant –, provoziert Aussagen, die immer häufiger sowohl in der Alltagssprache als auch in wissenschaftlichen Arbeiten wiederholt werden: dass wir epochale Transformationen erlebt haben. Die Welt steht an einer Weggabelung, und wir stehen vor der Frage, wie wir diese tiefgreifenden und schnell verändernden Realitäten intellektuell erfassen können. Nicht zum ersten Mal in unserem Leben. Es ist auch nicht das erste Mal, dass wir gehört haben, dass die Welt, wie wir sie kennen, endet. Einige glauben, sie sei bereits zu Ende. Natürlich ist beides nicht wahr, sie besteht weiterhin, nur dass sie heute komplizierter ist als zu jeder anderen Zeit in der Geschichte. Daher ist es notwendig, die neue Qualität zu verstehen, in der Elemente der Kontinuität und des Wandels dialektisch miteinander verflochten sind.

Sobald wir die nächste Kreuzung erreicht haben, ist es unmöglich, zu lange dort zu stehen und sich zu fragen, welchen Weg man einschlagen soll. Es ist sicherlich klar, dass es keinen Rückzugsort gibt, aber es ist unklar, welche Richtung als Nächstes einzuschlagen ist. Das Fehlen solcher Klarheit ist Wasser auf die Mühlen verschiedener politischer und wirtschaftlicher Scharlatane, die glauben, sie wüssten, was zu tun ist. Es nährt auch die Leichtgläubigkeit der Masse, die bereit ist, diesen Scharlatanen ihr Vertrauen zu schenken.

Der Zustand der Wirtschaft ist so komplex, dass das ökonomische Denken in neue Richtungen gedrängt werden muss. Es ist notwendig, seinen Zweck, seinen Inhalt und seine Methode neu zu formulieren. Es muss sich sicherlich endgültig vom gegenwärtigen Mainstream des Denkens verabschieden, denn die daraus resultierenden Modelle haben sich zu weit von den Realitäten des Wirtschaftslebens entfernt. Was in Lehrbücher passt, deckt nicht alles ab, was passiert, und die Wissenschaft kann es nicht ignorieren und vereinfachen. Trumponomics ist eine extreme Manifestation einer solchen Vereinfachung, und ein erheblicher Teil der Annahmen, die dort gemacht werden, sind unlogisch.

Dem falschen Alternativangebot von Neoliberalismus oder Populismus zu erliegen und insbesondere die Wirtschaftspolitik Nationalisten und Militaristen zu unterstellen, ist ein Rezept für eine zivilisatorische Katastrophe. Die beste Antwort auf die sich häufenden Herausforderungen ist eine soziale Marktwirtschaft. Wenn wir nicht wollen, dass das Ausmaß der Ungleichgewichte und daraus resultierender Konflikte außer Kontrolle gerät, ist dies der Ansatz, der als systemischer und politischer Imperativ der nächsten Jahrzehnte des 21. Jahrhunderts angesehen werden sollte.

Konzeptioneller Lärm und definitorische Unordnung sind weit verbreitet. Aus diesem Chaos könnte eine Art kohärente Konzeption eines neuen sozioökonomischen Systems, oder eher neuer Systeme, hervorgehen, da es nie wieder Einheitlichkeit geben wird (tatsächlich hat es sie in der Vergangenheit auch nie gegeben), mit all den Konsequenzen für die Wirtschaftswissenschaft. Daher leben wir jetzt in einer Ära, in der eine neue Realität entsteht, ein neues System, das sich von den vorherigen unterscheidet, das intellektuell erfasst, verstanden und erklärt werden muss. Es müssen Wege vorgeschlagen werden, um seinen Entwicklungsprozess zu beeinflussen, um die Mitgestaltung seiner gewünschten Form zu ermöglichen. Offensichtlich gibt es axiologische Streitigkeiten um seine Eigenschaften und darum, dass sein Aussehen eine Funktion der Lösung der sich anhäufenden Interessenkonflikte sein wird. Trumponomics und Trumpismus sind auf dem langfristigen Übergangspfad Arbeitsunfälle, die in die Irre führen. Umso bedauerlicher, dass einige Ökonomen in diese schädlichen Trends einsteigen.

Es lohnt sich, die inspirierenden Merkmale des modernen ökonomischen Denkens hervorzuheben, die bei der Suche nach Lösungen für zeitgenössische Probleme relevant sind. Um nur einige zu nennen, sollten hier Edmund S. Phelps'[1] Konzept des „Massenflorierens", Justin Yifu Lins[2] „neue strukturelle Ökonomie", Jean Tiroles[3] „Ökonomie für das Gemeinwohl" oder Joseph E. Stiglitzs[4] „progressiver Kapitalismus" erwähnt werden. Neuer Pragmatismus – ein Vorschlag zur Integration von deskriptiven und normativen Ansätzen in der Wirtschaft, der das Imperativ einer Wirtschaft der Mäßigung und einer umfassend nachhaltigen Entwicklung berücksichtigt – muss auch in diesem Bereich verortet werden.

Neuer Pragmatismus ist ein Entwurf eines theoretischen Konzepts innerhalb des postulativen Trends der Wirtschaftswissenschaft, basierend auf dem Wunsch nach einer guten Wirtschaft.[5] Es handelt sich um ein originelles, heterodoxes Profil einer paradigmatischen Wirtschaftstheorie, die als Antwort auf die Herausforderungen der Zivilisation und die Transformationen der Wirtschaftssysteme geschaffen wurde. Ein wesentlicher Teil des Paradigmenwechsels in der Wirtschaft besteht darin, sich von den Diktaten der Gewinnmaximierung und des Produktionswachstums als dem selbsttragenden und primären Ziel der wirtschaftlichen Aktivität zu lösen und es neu zu definieren, und dabei den Imperativ zu berücksichtigen, die kurzfristigen privaten Kapitalinteressen den langfristigen öffentlichen Interessen unterzuordnen. Ein wichtiger Grundsatz, der die Wirtschaft der Zukunft bestimmen sollte, ist die Mäßigung, d. h. die bewusste Anpassung der Größe der menschlichen, materiellen und finanziellen Flüsse und Bestände an die Anforderung der langfristigen Harmonie.

Um das neu definierte Ziel der wirtschaftlichen Aktivität zu erreichen, ist es notwendig, den Weg einer dreifachen nachhaltigen Entwicklung – wirtschaftlich, sozial und ökologisch – zu beschreiten. Zwischen diesen drei Bereichen gibt es spezifische Rückkopplungsschleifen. Keines dieser Gleichgewichte kann langfristig ohne die beiden anderen aufrechterhalten werden. Der Zustand des klassischen dynamischen wirtschaftlichen Gleichgewichts – zwischen Produktion und Verkauf, öffentlichen Einnahmen und Ausgaben, Ersparnissen und Investitionen, Importen und Exporten – ist, selbst wenn er erreicht wird, nicht mehr ausreichend. Was benötigt wird, ist ein soziales Gleichgewicht, das sich in einem hohen Grad an sozialer Kohäsion, zufriedenstellenden Ausgaben für soziales Kapital und einem akzeptablen Bereich von Einkommensungleichheit ausdrückt. Ein Bereich, der in beide Richtungen, nach unten und nach oben, nicht überschritten werden sollte, der einerseits die Kapitalbildung begünstigt und andererseits von den Menschen nicht als unfair angefochten wird. Es braucht ein ökologisches Gleichgewicht, das den Menschen ermöglicht, ihr alltägliches Leben dort zu führen, wo das Wasser sauber und das Gras grün ist, ohne die natürlichen Ressourcen langfristig zu erschöpfen und zukünftigen Generationen den Zugang zu ihnen zu verwehren. Das Gleichgewicht zwischen heute und morgen ist noch schwieriger zu erreichen als das zwischen den beiden Seiten traditioneller Bilanzen.

Deskriptiv erklärt der neue Pragmatismus das Wesen des Prozesses der sozioökonomischen Entwicklung und betont nicht nur die Bedeutung einzelner Treiber, sondern auch ihr gleichzeitiges Auftreten (Koinzidenz). Normativ weist er auf den Wohlstand in seinem breiten Sinne als Ziel des wirtschaftlichen Aktivitätsprozesses hin. Seine Verfolgung erfordert:

- wirtschaftlich nachhaltige Entwicklung, d. h. in Bezug auf Waren- und Kapitalmärkte, Investitions- und Finanzmärkte sowie die Belegschaft;
- sozial nachhaltige Entwicklung, d. h. in Bezug auf die von der Bevölkerung akzeptierte Einkommensverteilung, die sowohl gerecht ist als auch zur Kapitalakkumulation beiträgt, und angemessenen Zugang zu öffentlichen Dienstleistungen;
- umweltlich und räumlich nachhaltige Entwicklung, d. h. in Bezug auf die Aufrechterhaltung angemessener Beziehungen zwischen menschlicher Geschäftstätigkeit und Natur, sowohl fortlaufend als auch zukunftsorientiert. Der räumliche Aspekt, ohne den es keine natürliche, architektonische und städtische Harmonie geben kann, ist ebenfalls wichtig.

Die normative (postulative) Strömung des neuen Pragmatismus ist auch als angewandte Ökonomie bekannt. Das ist weder praktizierte Wirtschaftspolitik auf Makroebene noch praktisches Management auf Mikroebene. Es ist theoretisches Wissen darüber, wie man eine gute Wirtschaftspolitik effektiv umsetzt, basierend auf den durch den beschreibenden Trend erworbenen Kenntnissen, und wie man ein Unternehmen, von familiengeführt bis transnational, effektiv führt. Der neue Pragmatismus verbindet die Wirtschaftstheorie mit Vorschlägen für die wirtschaftliche Praxis auf Unternehmens- und Haushaltsebene, dem Staat und der Volkswirtschaft und dieser Volkswirtschaft in ihrer Beziehung zur Weltwirtschaft.

Das methodologische Phänomen der Wirtschaftswissenschaft zeigt sich darin, dass es sich um einen Erkenntnisprozess handelt, der sich von dem anderer Sozialwissenschaften unterscheidet. Zuerst gibt es die Beschreibung (deskriptive Analyse), dann den Vergleich (komparative Analyse) und die Bewertung (axiologische Analyse) und schließlich die Empfehlung (normative Analyse).

James Kenneth Galbraith[6] sieht den neuen Pragmatismus als Fortsetzung des ökonomischen Denkens seines angesehenen Vaters, John Kenneth Galbraith.[7] Er hielt einen Vortrag über „Alten und neuen Pragmatismus: Herausforderungen und Chancen für die Wirtschaft"[8] und sagte in einem Interview mit dem Titel „Der Schlüssel zur Schaffung einer egalitären Gesellschaft": „Ich sprach über Pragmatismus in der Wirtschaft. Dies ist der Ansatz, den mein Vater, John Kenneth Galbraith, gefördert hat und den Professor Grzegorz W. Kolodko fortsetzt. Die zeitgenössische Wirtschaft ist ein stark ideologisiertes, abstraktes Wissenschaftsfeld, voll von theoretischen Konzepten, die für einen Laien schwer mit der Realität in Verbindung zu bringen sind. So etwas wie perfekter Wettbewerb oder allgemeines Gleichgewicht existiert nicht wirklich. Ich glaube, dass ein Ökonom vor allem nützlich sein sollte."[9]

Ja, der neue Pragmatismus ist im Gegensatz zum Chaos und Unsinn der Trumponomics nützlich. Dieses ökonomische Denken entspricht kreativ den realen Problemen, anstatt ziellos umherzuschweifen, wenn man mit ihnen konfrontiert wird. Es ist nützlich, weil es heterodoxer Natur ist und nicht im Korsett der Überreste der orthodoxen Wirtschaft feststeckt. Letztlich ist es nützlich, weil es auf umfassender und vergleichender Forschung basiert und inklusive Institutionen und die Regulierung des Unternehmertums auf solche Weise vorschlägt, dass die wirtschaftliche Aktivität den individuellen und kollektiven Bedürfnissen am besten dient.

Notes

1. Edmund S. Phelps, „Mass Flourishing: How Grassroots Innovation Created Jobs, Challenge, and Change", Princeton University Press, New York, 2013.
2. Justin Yifu Lin, „New Structural Economics: A Framework for Rethinking Development and Policy", Die Weltbank, Washington, D.C., 2012.
3. Jean Tirole, „Economics of the Common Good", Princeton University Press, Princeton, New Jersey, 2017.
4. Joseph E. Stiglitz, „The Road to Freedom: Economics and the Good Society", W. W. Norton & Company, 2024.
5. Grzegorz W. Kolodko, „Political Economy of New Pragmatism: Implications of Irreversible Globalization", Springer, Cham, Schweiz, 2022.
6. James K. Galbraith, „The Pragmatism of John Kenneth Galbraith", „Acta Oeconomica", 2019, Vol. 69, Sonderausgabe 1, S. 195–213.
7. John K. Galbraith, „The Affluent Society", Houghton Mifflin, Boston, 1958.
8. James K. Galbraith, „Old and New Pragmatism: Challenges and Opportunities for Economics", eine Vorlesung gehalten zur Eröffnung des akademischen Jahres an der Fakultät für Wirtschaftswissenschaften der Universität Gdansk, 30. September 2019 (https://www.youtube.com/watch?v=YwMbra5XWIk; Zugriff am 17.02.2025).
9. James K. Galbraith, „Klucz do stworzenia egalitarnego społeczeństwa" („Der Schlüssel zur Schaffung einer egalitären Gesellschaft"), „Rzeczpospolita Plus Minus", 23.–24. November 2019.

15

Labyrinth der Widersprüche und Konflikte

Leider ist der neue Pragmatismus noch weit davon entfernt, tiefer in der wirtschaftlichen, sozialen und politischen Realität um uns herum Fuß zu fassen. Professor Andrzej K. Kozminski schrieb ganz am Anfang von Trump 1.0, im Februar 2017: „In den letzten Jahren hat Professor Grzegorz W. Kolodko in seinen zahlreichen wissenschaftlichen und populären Publikationen einen neuen Ansatz zur Untersuchung der Wirtschaft und der Wirtschaftspolitik vorgeschlagen, der als neuer Pragmatismus bezeichnet wird. Intellectuell gibt es nicht viel zu kritisieren, aber wenn er mit der immer weiter verbreiteten und immer mehr Unterstützung gewinnenden Ideologie des neuen Nationalismus konfrontiert wird, verliert Professor Kolodko – vorerst."[1] Traurig zu sagen, aber er hatte recht mit diesem Verlieren, und leider hat er jetzt noch mehr recht. Dieses „vorerst" mag ein gewisser Trost sein.

Die Rückkehr von Donald Trump an die Macht in den Vereinigten Staaten entfernt uns noch weiter davon. Sein wirtschaftlicher Dilettantismus und seine Megalomanie gepaart mit den hegemonialen Tendenzen des immer noch wirtschaftlich und militärisch mächtigsten Staates stellen ein ernsthaftes Risiko für die globale Stabilität dar. Gemessen am Marktkurs ist das amerikanische BIP immer noch größer als das Chinas und machte 2024 23,5 % des Weltinlandsprodukts aus, während das Chinas 18,7 % ausmachte. Diese Lücke schmilzt jedoch rasch; die entsprechenden Zahlen waren 2000 28,3 und 5,7 % und 2016, als Trump die vorherige Wahl gewann, 24,0 und 15,2 %. Das Verhältnis ist daher von etwa 5:1 vor einem Vierteljahrhundert auf heute nur noch 5:4 gesunken.

Trotz der Rufe nach *America First!* ist es jedoch schon seit einiger Zeit nicht mehr die Nummer eins, wenn es um das BIP geht, das nach Kaufkraftparität (KKP) berechnet wird, einem Maß, das uns sagt, was der tatsächliche Wert des Nationaleinkommens ist, wenn man das Preisniveau berücksichtigt, oder einfach ausgedrückt, wie viel mit diesem Einkommen gekauft werden kann. Die Nummer eins ist China, was für uns natürlich kein Grund zur Freude ist, aber seine Menschen können es sicherlich genießen. Während die so berechneten Anteile an der globalen Produktion im Jahr 2000 und 2016 jeweils 19,8 und 6,4 % für die USA und 15,5 und 15,8 % für China betrugen, sind es jetzt 19 % für China und nur 14,9 % für die USA. Nun, man kann *First!* rufen, auch wenn man während der vorherigen siegreichen Wahlen bereits *Second!* gewesen ist.

Es besteht absolut kein Zweifel daran, dass die Amerikaner wirtschaftlich durch die Exzesse der Trumponomics verlieren werden. Aber es wird keine totale wirtschaftliche Katastrophe für die ganze Welt sein, denn wenn die USA einen großen Zollkrieg entfesseln, wird es zu einem Konflikt zwischen ihnen und ihren Partnern kommen. Andere werden sich in ihren gegenseitigen Handelsbeziehungen recht vernünftig verhalten – ohne eine Revolution des gesunden Menschenverstands auszurufen – und werden nicht wahllos auf den Einsatz von Zollschranken und anderen Instrumenten des Protektionismus zurückgreifen. Mexiko wird keinen Zollkrieg gegen Brasilien erklären, ebenso wenig Nigeria gegen Ägypten, Vietnam gegen Japan oder Indonesien gegen Australien. Die USA werden auch politisch durch die Streitsucht des Trumpismus verlieren, denn angesichts ihrer Macht müssen sie zwar zweifellos berücksichtigt werden, aber nicht unbedingt respektiert, da es unmöglich ist, einen leichtfertig handelnden Partner ernst zu nehmen.

Die politische Maschine läuft. Plötzlich tanzt in der ersten Woche von Trumps zweiter Präsidentschaft ein republikanischer Krieger im Kongress mit einem Vorschlag zur Änderung der Verfassung aus der Reihe, um ihm eine dritte Amtszeit zu ermöglichen, obwohl man davon ausgehen kann, dass die Mehrheit der amerikanischen Gesellschaft bis zum Ende seiner zweiten Amtszeit genug von ihm haben wird. Der 22. Zusatz zur Verfassung der Vereinigten Staaten, der 1951 verabschiedet wurde, besagt eindeutig: „no person… shall be elected more than twice" („keine Person … darf mehr als zweimal gewählt werden"), aber Trump spricht von einer dritten Amtszeit. Als er in einem Interview mit NBC nach der Möglichkeit gefragt wurde, sie anzustreben, sagte er: „there are methods which you could do it… I'm not joking… a lot of people want me to do it" („Es gibt Methoden, mit denen man das tun könnte … Ich mache keine Witze … viele Leute wollen, dass ich es tue.")[2]

Entscheidungen, ob man jemanden unterstützt oder nicht, ändern sich in diesen turbulenten Zeiten schnell, aber es ist dennoch eine Überraschung, dass laut einer Zustimmungsrate, die weniger als einen Monat nach der Amtseinführung durchgeführt wurde, die Unzufriedenen mit der Handhabung des Präsidenten in verschiedenen Situationen die Zufriedenen überwogen: 51 gegenüber 45 %. Es ist erstaunlich, wie groß die Kluft zwischen dem Prozentsatz seiner republikanischen und demokratischen Unterstützer ist: 89 Prozentpunkte! Während die ersteren bis zu 93 % ausmachten, machten die letzteren nur 4 % aus.[3] Man könnte sich allerdings fragen, wo diese 4 % unter der Demokratischen Partei herkommen.

Wir werden sehen, was als Nächstes passiert, aber angesichts seiner Torheiten kann nicht ausgeschlossen werden, dass Trump es nicht bis zum Ende seiner zweiten Amtszeit schafft. Schon direkt zu Beginn seiner Amtszeit hat er die Verfassung verletzt, und es ist möglich, dass dies wieder passiert. Nicht jede Extravaganz wird von allen republikanischen Senatoren ungestraft toleriert. Es gibt so etwas wie Verantwortung und Ehrlichkeit, Würde und ein Gefühl der Scham, sodass es eine Situation geben könnte, in der genügend republikanische Mitglieder des Senats sich den 47 Demokraten anschlössen und über einen Antrag zur Amtsenthebung des Präsidenten abstimmten. Einige konnten ihre Scham nicht verbergen, als Präsident Trump sich zu Beginn seiner Amtszeit während eines Treffens mit Präsident Selensky im Oval Office peinlich verhielt, das live von den weltweiten Fernsehnetzwerken übertragen wurde. Lisa Murkowski, die ranghöchste Senatorin aus Alaska, die für ihre unabhängige Haltung innerhalb der GOP bekannt ist, schrieb auf der Plattform X: „Mir ist übel, weil die Regierung anscheinend von unseren Verbündeten abrückt und Putin umarmt, eine Bedrohung für die Demokratie und die Werte der USA auf der ganzen Welt".[4] Es wäre seltsam, wenn vor November 2027 ein solcher Vorschlag nicht mindestens einmal auftauchen würde. Wenn Trump auf diese Weise aus dem Weißen Haus entfernt würde, würde automatisch J. D. Vance der 48. Präsident werden, was angesichts seiner unkritischen Hingabe an die Ideologie und Praxis des Trumpismus und der Trumponomics wahrscheinlich nicht viel zum Besseren ändern würde. Später könnte es bei der nächsten Wahl einen vernünftigen Kandidaten einer alternativen politischen Formation geben, einen neuen Clinton oder Obama.

Wenn eine so verrückte Idee wie Trumps dritte Amtszeit Wirklichkeit werden würde, wäre die chinesische Wirtschaft am Ende dieser Amtszeit noch größer als die US-Wirtschaft, als sie es ohnehin schon sein wird. Dies liegt daran, dass die langfristigen Auswirkungen der Trumponomics zu einem relativ langsameren Wirtschaftswachstum in den USA führen werden. Darüber hinaus wird die Inflation höher sein. Folglich könnte es eine Tendenz zur Koexistenz von beschleunigtem Preiswachstum und langsamerem Produktionswachstum geben, was Stagflation bedeutet. Logischerweise würde also, je länger Trump an der Macht wäre, die relative Verschlechterung der US-Wirtschaft desto einschneidender im Vergleich zu einer alternativen Situation sein, in der die makroökonomische Steuerung auf tatsächlichem gesundem Menschenverstand basiert und nicht auf unter solch einem Slogan verkündeten Launen.

Größenwahn ist nicht allein den Republikanern und ihrem Anführer vorbehalten, auch die Demokraten, einschließlich Präsident Joe Biden, sind stark davon betroffen. Das Problem ist sehr ernst, denn starke Vorbehalte unter den US-politischen Eliten gegenüber China haben ihre erheblichen wirtschaftlichen und politischen Auswirkungen. Die Vereinigten Staaten können nicht friedlich konkurrieren und wollen nicht kreativ mit China zusammenarbeiten, weil sie den feindlichen Wettbewerb bevorzugen. Vorsicht ist geboten. Extreme US-Neokonservative würden China am liebsten ganz zerschlagen und es von einer mächtigen zu einer marginalen Position drängen. Dies könnte durch eines von vier Szenarien geschehen: unvernünftig, unrealistisch, abenteuerlich oder verrückt.

Es ist unvernünftig, die Entwicklung der chinesischen Wirtschaft ständig zu behindern, so wie es seit mehreren Jahren geschieht und nun an Intensität gewinnt. Höchstens kann das Tempo der chinesischen Expansion durch verschiedene protektionistische Praktiken und politischen Druck etwas verlangsamt werden, aber es kann nicht blockiert werden.

Das unrealistische Szenario ist die Demokratisierung des politischen Systems. Politisch und kulturell ist die Demokratie eine wunderbare Sache, aber in der Praxis ist sie nicht unbedingt so; das hängt weitgehend vom bereits erreichten Niveau der wirtschaftlichen Entwicklung ab. Es genügt, den wirtschaftlichen Einfluss der bevölkerungsreichsten Demokratie und der bevölkerungsreichsten Autokratie zu vergleichen. Während 1990 das BIP Chinas 120 % des BIP Indiens betrug, war es 2024 fast viermal so hoch, 470 %. Pro Kopf sind die relevanten Verhältnisse noch aussagekräftiger – 94 gegenüber 480 %. Es ist unmöglich zu beweisen, was passieren würde, wenn ..., aber sicherlich hätte China sein heutiges Entwicklungsniveau nicht erreicht, wenn es vor 35 Jahren ein demokratisches System eingeführt hätte. Und das liegt daran, dass *ceteris paribus* sich seine inhärenten Entscheidungsverfahren komplizieren und Pro-Entwicklungsentscheidungen verzögern würden. Wenn sie dort jetzt zur Demokratie übergehen würden, würden interne Streitigkeiten und endlose Debatten das Wachstumstempo verlangsamen. Diese Beobachtungen schließen natürlich nicht die Nützlichkeit des Übergangs zur Demokratie aus, aber alles sollte zu seiner Zeit und nicht auf Geheiß von ausländischen Ländern geschehen.

Das abenteuerliche Szenario ist der Zerfall des integrierten Staatswesens in Teile. Einige hoffen, dass dies geschehen könnte, indem sie den Separatismus in Tibet, der Inneren Mongolei, Hongkong und insbesondere der autonomen Region Xinjiang anstacheln. Sie behaupten, dass sie aus Sorge um die dort lebenden Menschen handeln – was auch der Fall ist –, aber das Hauptmotiv ist der Wunsch nach wirtschaftlich schädlicher Destabilisierung.

Die verrückte Option ist ein zerstörerischer Krieg, der am einfachsten erreicht wird, indem man Taiwan dazu bringt, seine Unabhängigkeit zu erklären, und damit China zu einer Invasion provoziert. Eine bewaffnete amerikanische Intervention auf Taiwans Seite und daraus resultierende militärische Auseinandersetzungen mit China wären verheerend für dessen Wirtschaft und internationales Ansehen. Mit einer weitreichenden Eskalation des Konflikts könnten die Folgen für die Welt katastrophal sein.

Aber nicht überall sieht es schlecht aus, denn es gibt einige Bereiche, in denen man Vernunft erwarten kann. Ich habe keine Illusionen, dass Präsident Trump keinen heißen Krieg mit China will, denn er weiß nicht nur, dass er nicht gewonnen werden könnte, sondern er will überhaupt keinen großen blutigen und kostspieligen militärischen Konflikt. In diesem Punkt hat er recht, und alle seine Antikriegsaussagen und Bemühungen – insbesondere diejenigen, die auf einen Waffenstillstand und ukrainisch-russische Verhandlungen abzielen – sind unterstützenswert. Dass die USA wieder militärisch in kleinere Auseinandersetzungen verwickelt werden könnten – wie sie es oft in der Vergangenheit getan haben – ist eine andere Sache.

Die Befürchtung ist, dass Trump kein Licht in den dunklen Nahost-Tunnel bringen wird. Angesichts der endlosen Streitigkeiten Israels mit seinen Nachbarn, einschließlich wiederholter blutiger bewaffneter Auseinandersetzungen mit vielen Opfern, wäre es vernünftig, das Recht Palästinas auf eigene Staatlichkeit anzuerkennen. Dies ist eine absolute Voraussetzung, um eine Argumentationsgrundlage zur Lösung des Nahost-Konflikts, der im Laufe der Zeit eskaliert ist, zu schaffen. Bereits vor einem halben Jahrhundert, im November 1974, verabschiedeten die Vereinten Nationen eine Resolution, in der sie „das Recht des palästinensischen Volkes auf Selbstbestimmung, nationale Unabhängigkeit und Souveränität in Palästina" anerkannten.[5] Derzeit ist die überwiegende Mehrheit der Länder mit 95 % der Menschheit dafür, aber die Vereinigten Staaten sind immer noch nicht bereit, dies zu akzeptieren. Bei der Abstimmung im Mai 2024 stimmten nur neun Länder neben den USA und Israel waren dies Argentinien, die Tschechische Republik und Ungarn sowie vier kleine pazifische Inselstaaten – Nauru, Mikronesien, Palau und Papua-Neuguinea – die, wie man vermuten könnte, mit Geld dazu ermutigt wurden – gegen die Resolution (25 enthielten sich), um dem palästinensischen Staat neue „Rechte und Privilegien" zu gewähren und den Sicherheitsrat aufzufordern, die Aufnahme Palästinas in die UNO als ihr 194. Mitglied zu überdenken.[6] Das kompromittierende Verhalten der Tschechischen Republik und Ungarns in dieser Angelegenheit ist verwirrend.

Im Verlauf des 15-monatigen Gaza-Konflikts, der durch einen abscheulichen Angriff von Hamas-Kämpfern provoziert wurde, erwies sich die US-Diplomatie als unwirksam. Mehrere Besuche von Antony Blinken, dem Außenminister unter Präsident Biden, in der Region waren von geringem Nutzen. Appelle reichen nicht aus. Vielleicht hätte ein starker politischer Protest und ein Einfrieren der Waffenlieferungen die massive militärische Aktion Israels gestoppt, die Zehntausende von Zivilisten, vor allem Kinder und Frauen, getötet, Hunderttausende verletzt und fast 1,9 Mio. intern vertrieben hat. Die USA könnten nun die Fortsetzung ihrer militärischen Unterstützung Israels von dessen friedlicher Neuausrichtung abhängig machen. Ein vorübergehender Waffenstillstand in Gaza und im Libanon reicht nicht aus.

Aber nein. Trump hat bessere Vorschläge, insbesondere den Vorschlag, die zwei Millionen hilflosen Palästinenser nach Jordanien und Ägypten umzusiedeln. Als sich diese beiden Länder entschieden von dieser seltsamen Idee distanzierten, erpresste Trump sie mit dem Entzug der finanziellen Hilfe (hauptsächlich für militärische Zwecke) und blamierte sich noch weiter, indem er vorschlug, dass die Palästinenser in Saudi-Arabien angesiedelt werden sollten. Damit hat er dieses Königreich, sonst ein strategischer Partner der Vereinigten Staaten im Nahen Osten, ernsthaft verärgert. Verständlicherweise wurden diese Ideen einer *de facto* ethnischen Säuberung – nach einigen Meinungen gleichbedeutend mit Völkermord, wie von der UN definiert – sofort von der breiten Weltöffentlichkeit verurteilt, da ihre Umsetzung eine klare Verletzung des Völkerrechts wäre.

Nicht jeder war entsetzt. Der israelische Premierminister nannte Präsident Trump nicht ohne Grund „den größten Freund, den Israel jemals im Weißen Haus hatte" und lobte ihn für seine Fähigkeit, „out the box" zu denken. Wie erbärmlich war es zu sehen, wie Donald Trump im Juli 2025 zum dritten Mal seit seiner Rückkehr ins Amt im Weißen Haus Benjamin Netanjahu empfing und dabei ein Schreiben entgegennahm, in dem dieser ihn für den Friedensnobelpreis vorschlug. Ein Zeichen der Dankbarkeit für das Tolerieren der israelischen Kriegsverbrechen im Gazastreifen? Es spielt keine Rolle, dass der Internationale Strafgerichtshof der Vereinten Nationen, der IStGH, Netanyahu für Kriegsverbrechen und Verbrechen gegen die Menschlichkeit verantwortlich gemacht hat und einen Haftbefehl gegen ihn ausgestellt hat, für den Trump wiederum per Dekret Sanktionen gegen den Gerichtshof und seine Richter verhängt hat. Verständlicherweise hat ein solcher unverantwortlicher Schritt dann eine Reaktion von den Staatsoberhäuptern hervorgerufen, die im Allgemeinen die Rechtsstaatlichkeit achten und die Menschenrechte respektieren. Dutzende von Ländern haben ihre „unerschütterliche Unterstützung" für den Gerichtshof zum Ausdruck gebracht, wobei solche Schlüsselverbündete der USA wie das Vereinigte Königreich, Deutschland und Frankreich ihn als „eine wesentliche Säule des internationalen Justizsystems" bezeichnet haben.[7]

Sowohl Israel als auch die USA erkennen die Zuständigkeit des IStGH nicht an, und der amerikanische Präsident ist um etwas anderes besorgt. In seinem „out-of-the-box"-Denken hat er sich selbst übertroffen (oder vielleicht auch nicht, vielleicht wird er sich noch etwas noch Dümmeres einfallen lassen?) und die Umwandlung des völlig verwüsteten Gaza-Streifens, dessen Ruinen schlimmer aussehen als Warschau nach dem Aufstand, in eine „Riviera of the Middle East" („Riviera des Nahen Ostens") angekündigt! Wahrscheinlich mit mehreren Golfplätzen …

Der Chefredakteur des BBC-Weltdienstes kommentierte treffend: „Seine Aussagen ähneln oft eher Eröffnungszügen in einer Immobilienverhandlung als Ausdrücken der festgelegten Politik der Vereinigten Staaten." Das Problem ist, dass „er der Präsident der Vereinigten Staaten ist, der mächtigste Mann der Welt – nicht mehr ein Reality-TV-Moderator und politischer Hoffnungsträger, der versucht, Schlagzeilen zu machen."[8] Während einige alarmiert sind, sagt ein radikal rechtes Mitglied der israelischen Regierung, Finanzminister Bezalel Smotrich, ohne einen Hauch von Verlegenheit, dass „… wir handeln werden, um endlich, mit Gottes Hilfe, die gefährliche Idee eines palästinensischen Staates zu begraben."[9]

Zuerst müssen jedoch mehr als 50 Mio. t Trümmer beseitigt werden, denn so viel gibt es nach dem israelischen Eingriff; mehr als 70 % der Gebäude wurden zerstört (nach einigen Schätzungen sogar bis zu 90 %).

15 Labyrinth der Widersprüche und Konflikte

Vor den schockierten Journalisten, die sich nach seinem Treffen mit Netanyahu zu einem Briefing versammelt hatten, fügte Trump bescheiden hinzu: „I don't want to be cute, I don't want to be a wise guy – but the Riviera of the Middle East … This could be something that could be so valuable, this could be so magnificent." („Ich will nicht süß sein, ich will kein Besserwisser sein – aber die Riviera des Nahen Ostens … Das könnte etwas sein, das so wertvoll sein könnte, das könnte so großartig sein.") Tatsächlich will er es nicht besser wissen sein, und darin ist er erfolgreich, wenn er sagt: „Everybody I've spoken to loves the idea of the United States owning that piece of land (…) we're going to develop it, create thousands and thousands of jobs, and it'll be something that the entire Middle East can be very proud of." („Jeder, mit dem ich gesprochen habe, liebt die Idee, dass die Vereinigten Staaten dieses Stück Land besitzen (…) wir werden es entwickeln, Tausende und Tausende von Arbeitsplätzen schaffen, und es wird etwas sein, auf das der gesamte Nahe Osten sehr stolz sein kann.")[10] Das Durchsetzen dieses Trump-Unsinns wäre aus zwei Gründen eine klare Verletzung des Völkerrechts: Erstens würde es die Vertreibung der Palästinenser bedeuten (was Israel gegen ihren Willen durchführen würde) und zweitens würden die USA ein Territorium übernehmen, auf das sie keinen Anspruch haben. Es ist nicht überraschend, dass kein einziges Staatsoberhaupt eines anderen Landes als Israel dieses bizarre Projekt unterstützt hat.

Wir wissen nicht, wer dieses „everybody" („jeder") ist, aber zweifellos gehört Marco Rubio dazu, der seinem Chef nachplapperte: *Make Gaza Beautiful Again! (Macht Gaza wieder schön!)*. Es ist möglich, dass „jeder" auch den israelischen Verteidigungsminister Israel Katz einschließt, der unverfroren erklärte: „Länder wie Spanien, Irland, Norwegen und andere, die Israel fälschlicherweise wegen seiner Handlungen in Gaza beschuldigt haben, sind rechtlich verpflichtet, Gazaner auf ihrem Territorium zuzulassen."[11] Nun, sie sind zu nichts dergleichen verpflichtet. Nicht weil sie falsch beschuldigt haben, sondern weil sie recht hatten.

Weder die USA noch Israel werden entscheiden, wer palästinensische Migranten aufnehmen soll, denn es besteht kein Zweifel, dass es einige geben wird. Nicht zwei Millionen, wie es die Machthaber in Washington und Jerusalem wünschen (Präsident Trump erkannte Jerusalem im Dezember 2017 entgegen dem Völkerrecht als Hauptstadt Israels an; selbst

US-Verbündete wie das Vereinigte Königreich, Frankreich, Japan, Italien und Schweden sprachen sich gegen diese Entscheidung aus). Wenn sie eine solche riesige Flüchtlingswelle in andere Länder – insbesondere europäische Länder, die bereits mit dem aktuellen Zustrom von Migranten überfordert sind – schicken wollen, werden sie zutiefst enttäuscht sein. Absurditäten können gepredigt, aber nicht realisiert werden.

Wenn die Vereinigten Staaten wirklich helfen wollen, dann sollten sie anstatt sich zum „Besitzer dieses Stück Landes" zu machen – was, gelinde gesagt, einer illegalen Besetzung von Fremdterritorium gleichkäme –, einen großzügigen finanziellen Beitrag leisten, um dieses Land aus der Asche zu erheben. Sie können es sich leisten, genauso wie sie es sich leisten konnten, Israel zu subventionieren, als es Gaza in eine Trümmerlandschaft verwandelte. Inzwischen hat Trump kurz nach der Ankündigung dieses revolutionären Projekts gesunden Menschenverstands mitgeteilt: „the reconstruction will be funded by other countries" („der Wiederaufbau wird von anderen Ländern finanziert.")[12] Natürlich wird die gigantische Arbeit des Wiederaufbaus von Gaza eine internationale Angelegenheit sein, aber er hat in dieser Angelegenheit nichts mit irgendeinem Land vereinbart. Wahrscheinlich glaubt er auch dieses Mal naiv, dass seine Vision einen Unterschied zu machen vermag.

Nun, nein; Trump denkt, er könne alles tun, aber in Wirklichkeit kann er nur so viel tun, wie er kann. Nicht mehr. Er kann sagen, was er will, aber nicht tun. Es ist unglaublich, wie viel durcheinandergebracht werden kann, wie viel Schaden dem eigenen Land zugefügt werden kann – seiner Wirtschaft, seiner Gesellschaft und seinem internationalen Ansehen. Nur drei Monate von Trump 2.0 im Amt waren genug, um fast die ganze Welt durcheinanderzubringen. Fast, denn die Vereinigten Staaten haben jetzt nur noch einen einzigen unkritischen Verbündeten – Israel.

Notes

1. Andrzej K. Kozminski, „Rewolucja zwinnych. Zapiski z przyszłości" („Die Agile Revolution: Notizen aus der Zukunft"), Akademia Leona Koźmińskiego, Warschau, 2024, S. 101.

2. „Can Trump serve a third term as US president?", „BBC News", 31. März 2025 (https://www.bbc.com/news/articles/cx20lwedn23o; Zugriff am 31.03.2025).
3. „Trump's Job Approval Rating at 45 %; Congress' Jumps to 29 %", Gallup, 10. Februar 2025 (https://news.gallup.com/poll/656891/trump-job-approval-rating-congress-jumps.aspx; Zugriff 25.02.2025).
4. „Republican Lisa Murkowski Reacts to ‚Shocking' Trump-Zelensky Meeting", „Newsweek", 2. Februar 2025 (https://www.newsweek.com/republican-lisa-murkowski-reacts-shocking-trump-zelensky-meeting-2038374; Zugriff 2.03.2025).
5. „United Nations General Assembly Resolution 3236, adopted by the 29th Session of the General Assembly on November 22, 1974" (https://docs.un.org/en/A/RES/3236(XXIX); Zugriff 26.02.2025).
6. „UN General Assembly presses Security Council to give ‚favourable consideration' to full Palestinian membership", United Nations, New York, 10. Mai 2024 (https://news.un.org/en/story/2024/05/1149596; Zugriff 25.02.2025).
7. Bernd Debusmann Jr & Amy Walker, „Dozens of countries back International Criminal Court after Trump sanctions", „BBC News", 2. Februar 2025 (https://www.bbc.com/news/articles/cx2p19l24g2o; Zugriff 15.02.2025).
8. James Bowen, „Trump's Gaza plan won't happen, but it will have consequences", „BBC News", 5. Februar 2025 (https://www.bbc.com/news/articles/cx2pwjgp59do; Zugriff 17.02.2025).
9. *Ebenda.*
10. „Trump Proposes U.S. Takeover of Gaza and Says All Palestinians Should Leave", „The New York Times", 4. Februar 2025 (https://www.nytimes.com/2025/02/04/us/politics/trump-gaza-strip-netanyahu.html; Zugriff am 26.02.2025).
11. „'Hypocrisy will be exposed': Israel defense chief orders Gaza evacuation plan, challenges Spain, Ireland, Norway", „Israel Hayom", 5. Februar 2025 (https://www.israelhayom.com/2025/02/05/hypocrisy-will-be-exposed-israel-defense-chief-orders-gaza-evacuation-plan-challenges-spain-ireland-norway/; Zugriff am 17.02.2025).
12. „Netanyahu meets US lawmakers as Trump sanctions International Criminal Court", „BBC News", 6. Februar 2025 (https://www.bbc.com/news/live/cvg4zwwez9et; Zugriff am 15.02.2025).

16

Eine Welt ohne Kriege?

Wenn Präsident Trump wiederholt, dass Russlands Angriff auf die Ukraine im Februar 2022 nicht passiert wäre, wenn er Präsident gewesen wäre, kann dies, obwohl es sehr hypothetisches Denken auf der Grundlage von diskutablen Annahmen ist, nicht ausgeschlossen werden. Er ist ein Befürworter von friedlichen Interessen, nicht von militärischem Abenteurertum, und es ist naheliegend anzunehmen, dass er im Gegensatz zu Präsident Biden, den NATO-Falken und ihren De-Facto-Unterstützern in London, Den Haag, Tallinn und einigen anderen Hauptstädten einen schwierigen Dialog mit Russland über seine Einwände gegen eine weitere ostwärtige Ausdehnung der NATO und ihre Absichten, die Ukraine als Mitglied aufzunehmen, eingegangen wäre. Der Kreml hat mehr als deutlich gemacht, dass dies die rote Linie für Russland sei, daher war es notwendig zu reden, nicht zu verkünden, dass diese Einwände von vornherein unannehmbar seien – wie es von Warschau über Brüssel bis Washington getan wurde.

Alternativgeschichte – was wäre, wenn … – ist faszinierend, aber sie ist auch anfällig für verschiedene Spekulationen, die eher aus dem Reich der Fantasie als aus realistischen Möglichkeiten stammen. Sie ist auch anfällig dafür, Unsinn zu reden, den sie als Weisheit darzustellen versucht. Beson-

© Der/die Autor(en), exklusiv lizenziert an Springer Nature Switzerland AG 2025
G. W. Kolodko, *Trumps zweite Amtszeit*,
https://doi.org/10.1007/978-3-032-02943-0_16

ders die eigene Weisheit, wie Trump es gerne tut. Am Vorabend des dritten Jahrestages der russischen Invasion der Ukraine beschuldigte er letztere sogar, den Krieg begonnen zu haben! Wenn er mit Blick auf die Ukraine sagt: „You could have made a deal" („Man hätte einen Deal machen können"), kann man zustimmen, dass es notwendig war, so lange wie möglich zu verhandeln und eine Kompromisslösung zu suchen, die für beide Seiten des Konflikts akzeptabel gewesen wäre. Doch als er im vorherigen Satz sagte: „You should have never started it [the war]" („Man hätte ihn [den Krieg] nie beginnen sollen"),[1] kann man nicht überrascht sein, dass eine solche trügerische Aussage überall außer in Russland Empörung hervorrief. So erfahren wir von Trump 2.0, dass, wenn Trump 1.0 unmittelbar nach der ersten eine zweite Amtszeit als Präsident absolviert hätte, die Ukraine es nicht gewagt hätte, den Krieg mit Russland zu beginnen ...

Es ist schrecklich, dass es drei ganze Jahre dieses absurden Krieges, der Hunderttausende von Leben gefordert hat, gedauert hat, um zu hören, dass „die Vereinigten Staaten nicht glauben, dass eine NATO-Mitgliedschaft für die Ukraine ein realistisches Ergebnis einer ausgehandelten Lösung ist."[2] Dies erklärte der US-Verteidigungsminister Pete Hegseth auf einem Treffen von mehr als vierzig Ländern der Ukraine-Kontaktgruppe (Ukraine Defense Contact Group, UDCG) am 12. Februar 2025 – dem 1085. Tag des Krieges ... Die Meinungen zu dieser Frage sind unter den Staatsoberhäuptern der NATO-Länder weiterhin geteilt. Besonders interessant ist, dass konservative Politiker auf der westlichen Seite des Atlantiks beginnen, realistischer zu denken, während einige auf der östlichen Seite auf ihrem Standpunkt beharren. Dies gilt sogar für einen Mitte-links-Politiker wie den Labour-Premierminister von Großbritannien. Als Antwort auf die Aussage des US-Verteidigungsministers – offensichtlich in Übereinstimmung mit Präsident Trump – bekräftigte Keir Starmer „das Engagement des Vereinigten Königreichs für einen unumkehrbaren Weg der Ukraine zur NATO, wie es die Verbündeten auf dem Washingtoner Gipfel im letzten Jahr vereinbart haben."[3]

Mit solch gegensätzlichen Positionen wird es äußerst schwierig sein, einen sinnvollen Kompromiss zu erreichen. Vielleicht wird er in einer Art schlechtem Ersatz für die NATO-Mitgliedschaft der Ukraine bestehen, in Form von Sicherheitsgarantien, die für sie zufriedenstellend sind. Denn darum geht es, die formelle NATO-Mitgliedschaft wäre nur ein Mittel zum Zweck. Bevor die Situation sich beruhigt und ein sinnvolles Bild aus dem von den Amerikanern auf der Münchner Konferenz verursachten Chaos hervorgeht, werden Verleumdungen und Anschuldigungen auf der einen Seite und unorthodoxe Vorschläge auf der anderen Seite zunehmen, unter denen die merkwürdigste die Idee ist, eine Armee zu schaffen, in der die Vereinigten Staaten durch die Ukraine ersetzt würden. Einst vom Pazifik bis zur Elbe, jetzt vom Atlantik bis zum Dnepr ...

Nach früheren Aussagen von Präsident Selenskyj, der die Einbeziehung der ukrainischen Streitkräfte in eine zukünftige europäische Armee befürwortete, äußerte sich Premierminister Denys Schmyhal und teilte mit, dass „die kampfprobte ukrainische Armee eine Alternative zur US-Armee werden könnte, die derzeit über 65.000 Soldaten in der EU hat (...) Durch die Zustimmung zur Aufnahme der Ukraine würden die EU-Länder nicht nur ihre eigenen Grenzen und Gebiete erweitern. Sie würden zuverlässige Verteidiger mit umfangreicher militärischer Erfahrung gewinnen, die bereit sind, den ersten Schlag nicht nur von Russland, sondern auch von anderen möglichen militärischen und politischen Gruppen an den östlichen Grenzen Europas einzustecken."[4] Das ist eine Art Deal: Mitgliedschaft in der Europäischen Union im Austausch für Verteidigung gegen Eindringlinge aus dem Osten. Es gab eine Zeit, in der verantwortungsbewusste Politiker Positionen zu ernsten Angelegenheiten zuerst vereinbarten, um sie später öffentlich zu kommunizieren. Heute stellen sie sich zuerst vor die Fernsehkameras und verkünden ihre Weisheiten auf Internetportalen, und denken erst dann darüber nach, wie sie aus dem von ihnen verursachten Chaos herauskommen können. Der Kreml könnte den NATO-Mitgliedern gar nicht so sehr schaden, wie sie sich selbst schaden. Was für eine Freude muss dieser euro-atlantische Aufruhr in Moskau verursachen ...

Darüber hinaus stellte Hegseth zu Recht fest, dass „wir damit beginnen müssen, zu erkennen, dass eine Rückkehr zu den ukrainischen Grenzen vor 2014 ein unrealistisches Ziel ist (...) Die Verfolgung dieses illusorischen Ziels wird den Krieg nur verlängern und mehr Leid verursachen."[5] Es ist natürlich politisch inkorrekt, eine solche Meinung zu teilen, aber leider muss anerkannt werden, dass Russland die besetzten Gebiete nicht freiwillig zurückgeben wird und die Ukraine zusammen mit ihren Verbündeten nicht in der Lage ist, es dazu zu zwingen. Hegseth fügte hinzu, dass Nachkriegssicherheitsgarantien für die Ukraine keine NATO-Truppen dort beinhalten dürften, sondern Friedenstruppen, die „als Teil einer Nicht-NATO-Mission entsandt werden und nicht unter Artikel 5 fallen sollten."[6] Es geht hier um den berühmten Artikel 5 der NATO, der (ohne das berühmte Motto von Alexander Dumas' „Die drei Musketiere" – „Einer für alle, alle für einen" in einer Fußnote zu zitieren) besagt: „Die Vertragsparteien vereinbaren, dass ein bewaffneter Angriff auf eine oder mehrere von ihnen in Europa oder Nordamerika als ein Angriff gegen sie alle betrachtet wird (…) wenn ein solcher bewaffneter Angriff erfolgt, wird jede von ihnen (…) Hilfe leisten (…) für die Angegriffenen, indem sie sofort (…) solche Maßnahmen ergreift, die sie für notwendig hält, einschließlich des Einsatzes von bewaffneter Gewalt."[7]

Diese Position Washingtons wurde von vielen als offener Verrat an einer gerechten Sache interpretiert, aber sie bedeutet nur, dass es sinnlos ist, einen Krieg zu führen, der nicht zu gewinnen ist. Nun, es sei denn, jemand sagt, dass wir nur noch ein wenig mehr Zeit bräuchten. Solche Ansichten gibt es zuhauf. Wir haben schon mehrmals gehört, dass eine weitere ukrainische Offensive mit ausländischer Unterstützung die russischen Eindringlinge aus den besetzten Gebieten, einschließlich der Krim, vertreiben werde. Wie viel länger würde es dauern? Weitere drei Jahre? Oder vielleicht dreizehn oder dreißig? Wie viele Opfer müsste das mit sich bringen? Es ist realistischer zu hoffen, dass jemand vorher den Herrscher im Kreml ersetzen wird, denn Putin ist keine Geografie; er ist nicht ewig. Es ist eine Geschichte, die vergeht. Hoffen wir, dass sein Nachfolger jemand ist, der eher einem großen Staatsmann wie Michail Gorbatschow ähnelt[8] – der die Bestrebungen des Kremls nach einem Großrussland nicht unterstützte –, und nicht jemand wie Jewgeni Prigoschin, der kriminelle Chef der Wagner-Gruppe, der ein aktiver Teilnehmer an diesen Bestrebungen war.[9]

Unmittelbar nachdem die amerikanischen Erklärungen über die Absichten und Mittel zur Beendigung des russisch-ukrainischen Krieges vorgelegt wurden, wurden in den Medien Stimmen laut, die die damals noch sehr vagen Folgen der in München von Vizepräsident Vance und den Ministern Hegseth und Rubio gemachten Vorschläge mit einigen erinnerungswürdigen Situationen aus der Vergangenheit verglichen. Wie es manchmal in ungewöhnlichen Umständen geschieht, wenn niemand wirklich weiß, worum es geht, neigen die Menschen dazu, Analogien in der Geschichte zu suchen. Und sie werden bei ihrer Suche fündig, obwohl die Ergebnisse nicht immer relevant und aufschlussreich sind. So sind München 1938 und Jalta millionenfach in den Weltmedien aufgetaucht.

Es ist verwunderlich, dass bei dieser Gelegenheit niemand darauf hingewiesen zu haben scheint, dass die Krim, auf der Jalta liegt, damals, 1945, in den Händen Russlands war, das den Kern der Sowjetunion bildete. Während der nach dem Krieg von Josef Stalin ausgerichteten Konferenz wäre es Franklin D. Roosevelt, dem US-Präsidenten, und Winston Churchill, dem britischen Premierminister, nicht einmal in den Sinn kommen, dass sie sich in der Ukraine und nicht in Russland befänden. Erst 1954 wurde die Krim von der Russischen Föderativen Sozialistischen Sowjetrepublik (RFSSR) zur Ukrainischen SSR (USSR) übertragen. Bis heute gibt es keine eindeutige Meinung darüber, warum dies geschah. Damals schien es wenig zu bedeuten; schließlich gehörte dieses schöne Stück Land am Schwarzen Meer sowieso zur UdSSR, die ewig bestehen sollte ... Hätte Nikita Chruschtschow, der damalige sowjetische Staatschef, gewusst, dass diese Formation nach 37 Jahren, 1991, auseinanderfallen würde, wäre die Krim formal und rechtlich russisch geblieben, und wir müssten heute nicht darüber nachdenken, wie wir aus dieser tiefen Sackgasse herauskommen können. In der Zwischenzeit hat sich viel bezüglich des politischen Status der Krim getan, die von der russischen Bevölkerung dominiert wird. Schon am Ende der UdSSR-Ära wurde dort am 20. Januar 1990 ein Referendum abgehalten, an dem 81,73 % der Wahlberechtigten teilnahmen. Auf die Frage: „Sind Sie für die Wiederherstellung der Autonomen Sozialistischen Sowjetrepublik Krim als Teil der UdSSR und Teilnehmer am Unionsvertrag?", antworteten 92,26 % positiv. Die Stimme des Volkes wurde ignoriert.

Fast genau 35 Jahre später stellt das einflussreiche Magazin „The Economist" eine andere Frage: „..., ob das, was als Nächstes kommt, eher einer anderen Münchner Konferenz von 1938 ähneln wird, als Neville Chamberlain den Ambitionen von Adolf Hitler nachgab, Jalta 1945, als

Amerika, Großbritannien und die Sowjetunion Europa aufteilten, oder etwas Besserem. (...) Als die Realität von Mr. Trumps blitzschnellem Zug einsank, begannen einige europäische Führer zu befürchten, dass der wahre Vergleich für Amerikas Pläne vielleicht Jalta und eine neue Aufteilung Europas in eine westliche und russische Einflusssphäre sein könnte. (...) Wenn Mr. Trump wirklich einen Deal will, der Bestand hat (...), wird er sich für die Sicherheit Europas einsetzen müssen, statt sich für eine Jalta-ähnliche Aufteilung einzusetzen."[10] Diese Analogien sind äußerst weit hergeholt, da die Situation heute sehr anders ist. Aber vielleicht wird sich jemand anderes zu Wort melden und Parallelen ziehen zwischen dem Treffen der ranghöchsten US- und russischen Diplomaten, Marco Rubio und Sergey Lavrov, in Riad im Februar 2025 und dem Vor-Yalta-Gipfel in Teheran im November/Dezember 1943? Riad und Teheran sind nur durch Wüstenstücke und die Gewässer des – für einige Arabischen, für andere Persischen – Golfs getrennt. Aber tatsächlich trennt uns eine lange Geschichte von jenen Zeiten und, statt nach falschen Analogien zu suchen, ist es besser, sich darauf zu konzentrieren, Möglichkeiten zu finden, die auf dem kürzestmöglichen Weg zu einer friedlichen Zukunft führen.

War es ein richtiger Schritt in diese Richtung, als der amerikanische Präsident seinen russischen Amtskollegen kontaktierte? Die Zeit wird es zeigen, denn niemand – einschließlich Trump selbst, der Putin angerufen hat – weiß wirklich, worum es dabei geht oder was daraus werden wird. Die Titelseite von „The Economist" vom 22. Februar 2025 zeigte nur die beiden im Gespräch, hinter einem langen Tisch sitzend, an dem alle anderen Stühle leer waren. Der schreiende Titel war ebenfalls prominent: „Europas schlimmster Albtraum."[11] Konfrontiert mit den verschiedenen Stimmen derer, die von Trumps Verbrüderung mit Putin erschreckt waren, versuchte Vizepräsident Vance, das Verhalten des Weißen Hauses zu erklären und schrieb, dass „wir verhandeln, um den Konflikt zu beenden. Es ist nur dann ‚Appeasement', wenn Sie denken, dass die Ukrainer einen glaubwürdigen Weg zum Sieg haben. Das haben sie nicht, also ist es das nicht."[12]

Allerdings ist die Angelegenheit auch dieses Mal viel komplizierter. Während im Kontext von Washingtons Umgang mit Moskau die Aufmerksamkeit der politischen und medialen Kommentatoren auf die Beziehungen im zweiten großen geopolitischen Dreieck gerichtet ist, nämlich den Vereinigten Staaten, Russland und der Europäischen Union (das erste ist das bereits erwähnte Dreieck Vereinigte Staaten, China und Europäische Union), könnten die Amerikaner sich mit etwas anderem beschäftigen, das für sie vielleicht am wichtigsten ist – den Beziehungen zu China. Eine mögliche kontrollierte Annäherung zwischen den USA und Russland sollte als Teil des Spiels im dritten grundlegenden geopolitischen Dreieck gesehen werden: den Vereinigten Staaten, China und Russland.

Es wäre naiv zu glauben, dass die USA Russland und insbesondere China wohlgesonnen sind. Sie wünschen beiden Übles und um diese Wünsche Wirklichkeit werden zu lassen, werden sie alle möglichen Mittel einsetzen, um die chinesisch-russischen Beziehungen zu stören. Je schlechter sie sind, desto einfacher wird es für Amerika sein, *Great again!* zu sein. Washington hatte es bereits einmal, in den 1970er-Jahren, geschafft, einen Keil zwischen Peking und Moskau zu treiben. Dies hatte weitreichende geopolitische Folgen und begünstigte die Stärkung der globalen Position der USA. Der Architekt dieses strategischen Spiels war Henry Kissinger, Außenminister in der Regierung von Präsident Richard Nixon. Das Problem ist, dass der jetzige Außenminister, Marco Rubio, mit seinen öffentlich zur Schau gestellten, extremen, anti-chinesischen Gefühlen kein sublimer Kissinger mit dessen diplomatischen Anmut ist.

Trumpismus, der auf unterschiedliche Weise mit China und Russland spielt, wird es nicht schaffen, sie zu verfeinden. Trotz aller Fehler in Peking und Moskau sind sie dafür zu klug. Aus der Sicht des US-Hegemonismus wird sich die Strategie Washingtons als verfehlt erweisen. Letztendlich wird der feindselige Kurs der USA gegenüber China es nicht schwächen, denn als Ergebnis wird China seine Innen- und Außenpolitik so ändern, dass es ihm mit der Zeit relative Stärkung verschafft. Gleichzeitig stärk der drastische Kurswechsel, den die Regierung von Präsident Trump im Vergleich zum Verhalten der Regierung seines Vorgängers gegenüber Russland genommen hat, Russlang bereits verhältnismäßig. Es wird wahrscheinlich nicht dazu führen, dass *Russia great again!* wird – was, abgesehen von Russland selbst, niemanden interessiert, aber es wird nicht verhindern, dass China noch größer wird, als es bereits ist.

Der ukrainisch-russische Krieg hätte viel früher beendet werden können, wodurch der Tod von Massen von Menschen – einschließlich Tausender ziviler Opfer – vermieden worden wäre, wenn man auf weise, verantwortungsbewusste Menschen, Friedensbefürworter, gehört hätte. UN-Generalsekretär António Guterrers hatte recht, als er ein Jahr nach der russischen Invasion sagte: „Dieser Krieg ist nicht zu gewinnen. Früher oder später wird er vom Schlachtfeld an den Verhandlungstisch verlegt werden müssen. Das ist unvermeidlich. Die einzige Frage ist: Wie viele weitere Leben müssen verloren gehen? Wie viele weitere Bomben müssen fallen? Wie viele weitere Mariupols müssen zerstört werden? Wie viele weitere Ukrainer und Russen müssen getötet werden, bevor jeder erkennt, dass dieser Krieg keine Gewinner hat – nur Verlierer?"[13]

Während er diplomatisch nicht hinzufügte, dass das Blut an ihren Händen nicht nur von denen stammt, die töten, sondern auch von denen, die dazu beitragen, den Krieg zu verlängern, kam er zu dem richtigen Schluss, dass die Fortsetzung der Kämpfe „moralisch inakzeptabel, politisch nicht zu rechtfertigen und militärisch unsinnig" sei.[14] Dies waren nicht nur seine Ansichten, aber es stellte sich heraus, dass die Friedensbefürworter, die für einen bedingungslosen Waffenstillstand und friedliche Verhandlungen plädierten, was ich auch wiederholt befürwortet habe, zu wenig Einfluss hatten. Werden wir diesmal die Oberhand behalten?

Angesichts des gesunden Urteilsvermögens von Hegseth muss das Argument des amerikanischen Präsidenten, das er einen Tag zuvor vorgebracht hatte und das nahelegt, die Ukraine könnte ihre Souveränität an Russland verlieren, verwirrend sein. Er fügte hinzu, was völlig schockierend ist, dass er für die Hilfe, die die USA der Ukraine geleistet haben, entschädigt werden wolle. Wieder einmal behandelt er die Politik wie ein Geschäft – es gibt einen Deal zu machen. Es ist ein bisschen inkohärent, aber wir können verstehen, was er meint, wenn er sagt: „[Ukraine] may make a deal. They may not make a deal. They may be Russian someday, or they may not be Russian someday. But we're going to have all this money in there [Ukraine], and I say, I want it back." („[Die Ukraine] könnte einen Deal machen. Sie könnte keinen Deal machen. Sie könnte eines Tages russisch sein, oder sie könnte eines Tages nicht russisch sein.

Aber wir werden all dieses Geld dort [in der Ukraine] haben, und ich sage, ich will es zurück.")[15]

Er fügte nicht hinzu, dass er es mit erheblichen Zinsen zurückhaben will. In einem Interview mit dem Fernsehsender Fox News teilte er mit, er wolle im Gegenzug für seine Unterstützung „the equivalent of like USD 500 billion worth of rare earth [minerals], and they've essentially agreed to do that." („das Äquivalent von etwa 500 Mrd. USD an Seltenen Erden [Mineralien], und sie haben im Grunde zugestimmt, das zu tun.")[16] Vom Unsinn über das angebliche Äquivalent von 500 Mrd. USD abgesehen, war die gesamte US-Hilfe für die Ukraine in den drei Jahren nach der russischen Invasion am 24. Februar 2022 immerhin beachtliche 106 Mrd. USD wert: 2,8 für humanitäre Unterstützung, 33,3 für Budgetspritzen und 69,8 für Waffen, Ausrüstung und andere militärische Hilfe. Die Bereitschaft des ukrainischen Präsidenten Wolodymyr Selenskyj, die Möglichkeit der kommerziellen Ausbeutung dieser Mineralien zu diskutieren (was hätte er sonst auf ein solches Diktat hin tun können?), war keineswegs eine Zustimmung dazu, wie Trump es in seiner Art, seine Partner gegen die Wand zu drängen, erwartet hatte.

Nun, es wird noch viel mehr Turbulenzen in dieser Angelegenheit geben, da Interdependenzen aus verschiedenen Bereichen verstrickt werden und sich aufeinanderfolgende Verbindungskreise in der globalisierten Wirtschaft schließen (oder nicht schließen). Der technologische Fortschritt erhöht die Nachfrage nach bestimmten Rohstoffen, die in modernen Technologien verwendet werden: Elektronik, drahtlose Kommunikation, Akkus für Elektrofahrzeuge und Windturbinen sowie für die Produktion bestimmter Arten von Militärausrüstung. Die Nachfrage nach Metallen der Seltenen Erden, von denen China die meisten hat, wächst daher. Im Gegenzug hat China als Reaktion auf US-Handelsbeschränkungen und die Blockierung von Technologietransfers, insbesondere von hochentwickelten Chips, Ende der vorherigen Regierung im Dezember 2024 ein Embargo für den Verkauf solcher Seltenen Erden wie Gallium, Germanium und Antimon gegenüber den USA verhängt.

Folglich hat sich die USA der Ukraine zugewandt, die ebenfalls von der Natur reichlich mit dem ausgestattet ist, was US-Hightech-Unternehmen benötigen. Die Amerikaner fordern daher Zugang zu ukrainischen Mineralien im Austausch für militärische Hilfe. Im Gegenzug erwartet die Ukraine Sicherheitsgarantien für diese Mineralien, insbesondere Lithium, Titan und Grafit. Diese Garantien können jedoch nicht ausschließlich amerikanisch sein. Sie sollten mit den NATO-Partnern abgestimmt werden, aber der US-Präsident teilt dem besuchenden französischen Präsidenten und dem britischen Premierminister im Weißen Haus mit, er habe nichts dagegen, dass solche Garantien von europäischen Ländern gegeben würden, ohne Beteiligung der USA.

Und dann ist da noch Russland, das ebenfalls bereit ist, mit den USA über die Ausbeutung der Rohstoffe, die es benötigt, zu verhandeln. Das Problem ist, dass sie, abgesehen von den Lagerstätten in Sibirien und dem russischen Fernen Osten, nicht viel von diesen Ressourcen besitzen, weil die Lagerstätten im besetzten Donbass liegen. Im Kontext von Trumps Druck auf die Ukraine erklärte Putin, dass sie bereit seien, mit ausländischen Unternehmen zusammenzuarbeiten, die im Bergbau tätig sind, und betonte, dass Russland „zweifellos (…) deutlich mehr Ressourcen dieser Art als die Ukraine (…) hat. Wir sind bereit, ausländische Partner in die sogenannten neuen, unsere historischen Gebiete zu locken, die zur Russischen Föderation zurückgekehrt sind."[17] So bietet Putin Trump an, was er hat, obwohl es nicht seins ist, und Selenskyj bietet an, was seins ist, obwohl er es nicht hat. Frage: Bekommt der Washingtoner Händler dasselbe zweimal oder gar nicht? Ist es ein wunderbarer Deal! Oder kein Deal …?

So wurden den Amerikanern gleichzeitig zwei Angebote für die Nutzung der Donbass-Mineralien gemacht. Sie können zweimal an ein und demselben Ort graben, weil beide Konfliktparteien – ukrainische und russische – zustimmen. Es ist überraschend, dass Trump nicht vorgeschlagen hat, den Konflikt zu lösen, indem er Regionen, die reich an Seltenen Erden sind, in amerikanischen Besitz übernimmt, wie er es mit Gaza tun möchte, das er gerne in eine Riviera unter amerikanischer Kontrolle verwandeln würde.

Populisten und Nationalisten – einschließlich derer, die von Trumpismus beeinflusst sind – mögen die Globalisierung vielleicht nicht, aber ihr „gesunder Menschenverstand" kann sie nicht von ihr isolieren. Das Problem ist, dass eine solche nicht exklusive Globalisierung der nachhaltigen Entwicklung der Weltwirtschaft schadet und möglicherweise nicht zur friedlichen Koexistenz beiträgt. Bei Anwendung strenger Sanktionen, während man zugleich versucht, den technologischen Fortschritt und die wirtschaftlichen Entwicklung seines großen Rivalen zu begrenzen, werden unweigerlich Handelsvergeltungen provoziert, die wiederum den ursprünglichen Aggressor dazu veranlassen, dem geschwächten Staat einen politischen und Handelsvertrag in einem anderen Teil der Welt aufzuzwingen, der von dem Verbündeten dieses Rivalen überfallen wurde. Um die Dinge nicht weiter zu verkomplizieren, möchte ich nur darauf hinweisen, dass der brutale Krieg, der im Osten Kongos stattfindet, der keine Waffen und Munition aus reicheren Teilen der Welt kostenlos erhält, auch mit den Bemühungen verbunden ist, Zugang zu Seltenen Erden, insbesondere Kobalt, zu erlangen, das unter anderem in Akkus für Elektrofahrzeuge verwendet wird und von dem Kongo der weltweit größte Produzent ist. Die Natur war dort, wie im Fall der Ukraine und Chinas, reich an diesen Metallen. Dies sind die scheinbar bodenständigen – buchstäblich – Dinge, die beweisen, dass menschliches, physisches und finanzielles Kapital allein möglicherweise nicht ausreichen. Rohstoffe werden immer noch benötigt. Und vor allem der gute Wille zur gegenseitig vorteilhaften Zusammenarbeit. Lassen wir auch keinen Zweifel daran, dass das Engagement der USA bei den Bemühungen zur Lösung des bewaffneten Konflikts zwischen der Demokratischen Republik Kongo und Ruanda – einschließlich der von Ruanda unterstützten M23-Rebellen – mit dem Wunsch der amerikanischen Wirtschaft zusammenhängt, Zugang zu den reichen Vorkommen Seltener Erden in den umkämpften Gebieten zu erhalten.

Das Gewirr der ukrainisch-russischen Widersprüche wird noch Jahre andauern. Zahlreiche Staaten sind in verschiedenen Formen stark in diesen Konflikt involviert; weit mehr auf der Seite der Ukraine als Russlands, das nur auf wenige Länder wie Belarus, Iran und Nordkorea zählen kann. Die zentralasiatischen Nachfolgerepubliken der Sowjetunion – Kasachstan, Kirgisistan, Tadschikistan, Turkmenistan und Usbekistan – werden sich weiterhin relativ neutral verhalten. Ebenso Aserbaidschan. Die Beziehungen zu den im Inneren tief gespaltenen Georgien, Armenien und Moldawien hinsichtlich ihres prorussischen oder prowestlichen Kurses sind jedoch noch nicht eindeutig geklärt.

Das Wichtigste ist, diese Unruhen friedlich laufen zu lassen. Sobald die Schießereien aufhören, sobald die Drohnen und Raketen aufhören zu fliegen, sobald die Bomben aufhören zu fallen, werden territoriale Fragen in den Vordergrund treten. Die Praxis zeigt, dass die Lösung dieser Fragen jahrzehntelang dauern kann, wie die Menschen in Eritrea, Osttimor, Kosovo oder Südsudan vor der Erlangung der staatlichen Unabhängigkeit 1991, 2002, 2008 bzw. 2011 erfahren haben. Außerhalb Timors bestehen weiterhin Grenzprobleme. An anderen Orten wurde die politische Unabhängigkeit noch nicht erreicht, einschließlich im nördlichen Teil von Zypern oder in Somaliland. Diese Fragen werden jetzt zurückkehren, und ich werde nicht überrascht sein, wenn Präsident Trump die Angelegenheiten ihrer Unabhängigkeit und internationalen Anerkennung vorantreibt. Er sollte das tun, und andere sollten ihn unterstützen.

Was die formal von Russland besetzten Gebiete betrifft, die Teil der Ukraine sind, sollten dort Referenden über Autonomie oder bevorzugte Staatlichkeit wiederholt werden. Diesmal sollten sie unter internationaler Aufsicht stattfinden, auf die sich die betroffenen Parteien einigen sollten, und die Mehrheitsentscheidungen der Bevölkerung, die in den umstrittenen Gebieten lebt – einschließlich der Menschen, die aufgrund der anhaltenden Kämpfe von dort geflohen sind und die das Recht haben sollten, zu wählen – sollten von Russland und der Ukraine respektiert und im Völkerrecht anerkannt werden. Wenn eine solche Lösung zwischen den Konfliktparteien mit Beteiligung der Vereinigten Staaten und der Europäischen Union ausgehandelt werden könnte, wäre das ein großer Erfolg. Wenn nicht, wird der Konflikt eingefroren und könnte sogar länger dauern als die 70 Jahre (1922 bis 1992) des Zusammenlebens zwischen Russland und der Ukraine in der Sowjetunion.

Notes

1. „Trump says Ukraine ‚should never have started it' in comments about war with Russia", „CNBC", 18. Februar 2025 (https://www.cnbc.com/2025/02/18/trump-says-ukraine-should-never-have-started-it-in-comments-about-war-with-russia.html; Zugriff am 19.02.2025).

2. „Hegseth says return to Ukraine's 2014 borders ‚unrealistic'", „BBC News", 12. Februar 2025 (https://www.bbc.com/news/articles/cy0p-z3er37jo; Zugriff am 26.02.2025).
3. „Starmer backs Ukraine's Nato bid despite US view", „BBC News", 14. Februar 2025 (https://www.bbc.com/news/articles/clyelpzqn28o; Zugriff am 15.02.2025).
4. „Ukrainian army could be an alternative to U.S. military presence in Europe", „UKRINFORM", 16. Februar 2025 (https://www.ukrinform.net/rubric-defense/3959852-ukrainian-army-could-be-an-alternative-to-us-military-presence-in-europe-pm.html; Zugriff am 16.02.2025).
5. „Hegseth says …", a. a. O.
6. *Ebenda.*
7. „The North Atlantic Treaty", Nordatlantikpakt Organisation, Washington, 4. April 1949 (https://www.nato.int/cps/en/natohq/official_texts_17120.htm?selectedLocale=pl; Zugriff am 31.03.2025).
8. Grzegorz W. Kolodko, „The Statesman and the Great Transformation", in: Mikhail S. Gorbachev. „Perestroika and New Thinking: A Retrospective", The Gorbachev Foundation, Moscow, 2022, S. 156–165 (https://www.gorby.ru/userfiles/file/kolodko_otklik_en.pdf; Zugriff am 13.0.7.2025).
9. Zwei Monate nachdem Jewgeni Prigoschin die Kommandeure des Kremls der Inkompetenz beschuldigt und seine Truppen am 23. Juni 2023 in einem „Marsch der Gerechtigkeit" nach Moskau geschickt hatte, starb er zusammen mit allen neun Personen an Bord des Flugzeugs, das auf dem Flug von Moskau nach St. Petersburg abstürzte. Die tatsächliche Ursache des Absturzes wurde nicht klar erklärt, daher gibt es keine Mangel an verständlichen Verdächtigungen und Verleumdungen.
10. „Donald Trump's assault on Europe", „The Economist", 16. Februar 2025 (https://www.economist.com/international/2025/02/16/donald-trumps-assault-on-europe; Zugriff am 18.02.2025).
11. „Europe's worst nightmare", „The Economist", 22. Februar 2025 (https://www.economist.com/weeklyedition/2025-02-22; Zugriff am 22.02.2025).
12. „Vance denies that Trump's Russian policy is appeasement", „Interfax – Ukraine", 21. Februar 2025 (https://en.interfax.com.ua/news/general/1049918.html; Zugriff am 22.02.2025).
13. „Time to negotiate end to ‚unwinnable' war in Ukraine, Guterres declares", „UN News: Global perspective Human stories", Vereinte Nationen, New York, 22. März 2023 (https://news.un.org/en/story/2022/03/1114392; Zugriff am 17.02.2025).

14. *Ebenda.*
15. „Ukraine ‚may be Russian someday,' Trump says", „Money Report", CNBC, 11. Februar 2025 (https://www.nbcnewyork.com/news/business/money-report/ukraine-may-be-russian-someday-trump-says-as-the-u-s-ups-the-pressure-on-kyiv-and-allies/6144760/; Zugriff am 15.02.2025).
16. „Trump says Ukraine has ‚essentially agreed' to allow the US access to $500B in rare earth minerals", „New York Post", 11. Februar 2025 (https://www.msn.com/en-us/news/politics/trump-says-ukraine-has-essentially-agreed-to-allow-the-us-access-to-500b-in-rare-earth-minerals/ar-AA1yN4Mv; Zugriff am 26.02.2025).
17. „Putin offers Russian and Ukrainian rare minerals to US", „BBC News", 25. Februar 2025 (https://www.bbc.com/news/articles/c4gdx7488g5o; Zugriff am 25.02.2025).

17

Das Ende der NATO, wie wir sie kennen?

Der Widerspruch in dem, was der amerikanische Präsident und sein Verteidigungsminister sagen, gibt zu denken. Wo ist die Logik darin, zu behaupten, dass die USA durch politische Mittel und Diplomatie schnell ein Ende des Krieges in Osteuropa herbeiführen werden, während sie gleichzeitig die europäischen NATO-Mitglieder dazu ermutigen, ihre Rüstungsausgaben weiter radikal zu erhöhen? Ist das der Grund dafür, die militärischen Auseinandersetzung Russlands zu beenden, sodass seine Fähigkeit, andere Staaten zu überfallen, zunimmt? Damit diese Staaten sich bis an die Zähne bewaffnen müssen, um Russland zu erschrecken und es von weiterer Aggression abzuhalten? Schließlich wird es Frieden auf dem europäischen Kontinent geben, sobald der Kreml gezwungen ist, den Krieg mit der Ukraine zu beenden, während die Möglichkeit eines anderen Krieges nicht zunehmen sollte. Nun, diese Logik ist „outside the box", jenseits dieses Schemas, und es geht darum, den Amoklauf des Kalten Kriegs beizubehalten, weil dieser den Wohlstand der US-Rüstungsindustrie brillant antreibt. Sie wollen keinen heißen Krieg, aber ein kalter Krieg ist in Ordnung. Das Sprichwort „Wenn du Frieden willst, bereite dich auf den Krieg vor", das in jüngster Zeit lächerlich oft publiziert wurde, ist extrem albern, aber es funktioniert. Vielleicht gerade, weil es der Aussage widerspricht „Wenn du Frieden willst, bereite dich auf Frieden vor".[1] Die Logik der Zusammenarbeit sollte nicht mit der Logik des Krieges vermischt werden, in der Paradoxien normal sind; der gute Weg ist dort schlecht, weil er vorhersehbar ist, und der schlechte Weg ist gut, weil er schwerer vorherzusagen ist.

Wo ist die Logik, wenn die Präsidentin der Europäischen Kommission, Ursula von der Leyen, auf der Münchner Sicherheitskonferenz erklärt, sie werde vorschlagen, die Ausstiegsklausel zu aktivieren, um eine erhebliche Erhöhung der Verteidigungsausgaben der EU-Mitgliedstaaten zu erleichtern, die diese Ausgaben in den letzten drei Jahren bereits erhöht haben – von rund 200 Mrd. USD 2021 auf rund 320 Mrd. USD 2024. Die Ausstiegsklausel befreit Länder, die das Budgetdefizit und die öffentliche Verschuldungsgrenzen überschreiten, die unter dem Stabilitäts- und Wachstumspakt erlaubt sind, 3 % und 60 % des BIP, von der Verpflichtung, fiskalische Anpassungen einzuführen, die übermäßige finanzielle Schieflagen begrenzen. Mit anderen Worten: Es bedeutet, die bestehenden Regeln der öffentlichen Finanzdisziplin zu lockern und tatsächlich Ausgaben zu akzeptieren, die das bereits übermäßige Haushaltsdefizit erhöhen. Ohne dieses Instrument würde das Überschreiten eines Haushaltsdefizits von drei Prozent des BIP das Verfahren bei einem übermäßigen Defizit (Excessive Deficit Procedure, EDP) auslösen. 2025 waren acht EU-Länder von diesem Verfahren betroffen: Belgien, Frankreich, Ungarn, Italien, Malta, Polen, die Slowakei und Rumänien. Polen und die Baltischen Staaten Estland, Litauen und Lettland setzen sich besonders aktiv für eine solche unvernünftige Änderung der Spielregeln ein.

Während die Klausel während der COVID-19-Pandemie zu Recht in Anspruch genommen wurde – sie war ein Lebensretter –, ist sie in einer Situation militärischer Psychose völlig falsch. Wenn es tatsächlich notwendig wäre, die militärischen Ausgaben zu erhöhen, sollte dies entweder durch die Erhöhung von Steuern oder durch die Kürzung anderer Ausgaben erfolgen. Beides ist bei der Öffentlichkeit sehr unbeliebt und erfordert politischen Mut. Die schlechteste Lösung ist inflationäre Finanzierung durch Erhöhung der Haushaltsdefizite und dies auch noch mit einer regulatorischen Aufweichung des Systems zu sanktionieren.

Wo ist die Logik, wenn Trump die Nicht-US-Mitglieder der NATO dazu anstiftet, ihre militärischen Ausgaben radikal zu erhöhen, während

17 Das Ende der NATO, wie wir sie kennen? 153

er gleichzeitig erklärt: „At some point when things settle down, I'm going to meet with China, and I'm going to meet with Russia, in particular, those two, and I'm going to say there's no reason for us to be spending almost a trillion dollars on military" („Irgendwann, wenn sich die Dinge beruhigen, werde ich mich mit China treffen, und ich werde mich mit Russland treffen, insbesondere mit diesen beiden, und ich werde sagen, es gibt keinen Grund für uns, fast eine Billion Dollar für das Militär auszugeben") (richtig!) und dass er eine Vereinbarung zwischen allen drei Ländern zur Reduzierung der aktuellen militärischen Ausgaben um 50 % erreichen möchte: „I want to say, let's cut our military budget in half. And we can do that." („Ich möchte sagen, lasst uns unser Militärbudget halbieren. Und das können wir tun.")[2] Sie sind diejenigen, die es halbieren können, während die europäischen Mitglieder der NATO es verdreifachen sollen!

Natürlich werden die Vereinigten Staaten ihre militärischen Ausgaben nicht halbieren, aber es ist gut, dass sie es überhaupt versuchen. Glücklicherweise hat Trump das Pentagon bereits, nach nur einem Monat im Amt, angewiesen, Ausgaben zu identifizieren, die bis 2026 um 50 Mrd. gekürzt werden könnten; eine nicht zu unterschätzende Summe, da sie etwa acht Prozent des US-Militärbudgets entspricht. Die daraus resultierenden Mittel würden für Zwecke umgeleitet, die „in line with the president's priorities" („im Einklang mit den Prioritäten des Präsidenten") stünden, was wiederum angesichts seiner Vorlieben besorgniserregend ist. Doch nur wenige Monate später, während er sein „One Big Beautiful Bill" durchsetzte, erhöhte er das Budget des Pentagon auf nahezu eine Billion Dollar.

Es wird oft gesagt, dass Europa seine militärischen Ausgaben erhöhen muss, um Russland in dieser Hinsicht zu überholen. Lassen Sie mich wiederholen, dass die Kunst, sich um Sicherheit zu kümmern, nicht darin besteht, die Dominanz zu erhöhen, sondern das Gleichgewicht der Macht bei einem niedrigstmöglichen Ausgabenniveau für diesen Zweck zu halten. Es ist falsch zu behaupten, Russland gebe mehr für das Militär aus als Europa. Das Gegenteil ist der Fall, wie politische Führungskräfte – Präsidenten, Premierminister, Außen- und Verteidigungsminister – wissen sollten. Wenn sie es nicht tun, ist es eine Schande, denn als professionelle Politiker sollten sie es wissen. Aber ich denke, sie wissen es sehr gut, und deshalb lügen sie, wenn sie bewusst Unwahrheiten verkünden. Eine noch größere Schande! Denn die Tatsache ist, dass 2024 das zehnte aufeinanderfolgende Jahr war, in dem die militärischen Ausgaben der europäischen NATO-Länder erhöht wurden, und zwar auf das Äquivalent von 476,2 Mrd. USD (das US-Militärbudget war mit 968 Mrd. USD mehr als doppelt so hoch; Kanada gab 25,1 Mrd. USD aus). Im selben Jahr hat Russland viel weniger ausgegeben, laut zuverlässigen Daten des in London ansässigen Internationalen Instituts für Strategische Studien (IISS) nur (oder so viel wie) das Äquivalent von 145,9 Mrd. USD.[3]

Im Vergleich zu Europa scheint dies schockierend niedrig zu sein, aber man muss die Unterschiede in den Währungswerten berücksichtigen. Unter Berücksichtigung der Kaufkraftparität wird Russlands sogenannter Verteidigungshaushalt auf 462 Mrd. USD geschätzt. Mit anderen Worten, für das Äquivalent von jeweils einer Milliarde Dollar, kann in Russland dreimal so viel militärische Ausrüstung gekauft werden wie in Europa. Das sind gerade mal 5 Mrd. USD mehr als die kombinierten Verteidigungshaushalte der Europäischen Union und des Vereinigten Königreichs von 457 Mrd. USD, aber wenn man von Europa spricht, muss man noch die Ausgaben von Norwegen (9,79 Mrd. USD), der Türkei (14,3 Mrd. USD) und den kleinen NATO-, aber nicht EU-Mitgliedstaaten Albanien, Nordmazedonien, Montenegro und Island mit Gesamtausgaben von 1 Mrd. USD hinzufügen. Die Schweiz, mit einem Verteidigungshaushalt von 6,2 Mrd. USD, kann außen vor gelassen werden. Anders sieht es aus, wenn man nur die Ausgaben für den Kauf von Waffen betrachtet, da der Anteil der Personalausgaben in den Militärhaushalten der europäischen NATO-Länder viel höher ist, vielleicht sogar doppelt so hoch wie in Russland.

Daher müssen wir Russland nicht mit militärischen Ausgaben jagen, weil wir ihm bereits voraus sind. Was notwendig ist, ist ein sparsamerer Umgang mit diesen Ressourcen durch eine bessere Koordination von Investitionen, Produktion und Beschaffungsaktivitäten. Es ist erstaunlich, wie schlecht diese Koordination sowohl innerhalb der NATO als auch innerhalb der Europäischen Union aussieht. Es geht nicht nur darum, wie viel ausgegeben wird, sondern wie es ausgegeben wird. Heutzutage müssen wir, statt Politiker und ihre Bürokraten für diesen kostspieligen Mangel an Koordination und fehlerhafte Governance zur Rechenschaft zu ziehen, den Militaristen zuhören, dass sie noch mehr Geld brauchen. Entgegen den Tatsachen (außer für das Vereinigte Königreich) behaupten sie, es sei nicht notwendig, andere Ausgaben zu kürzen, ohne hinzuzufügen, dass es sich um unsere Steuergelder handelt, weil es ihnen möglich scheint, all dies aus dem Haushaltsdefizit und der steigenden öffentlichen Verschuldung straflos zu finanzieren. Nicht wirklich, und diese Praktiken hinauszuzögern stellt eine weitere Bedrohung dar, diesmal eine reale – die einer Finanzkrise.

Es ist noch verwirrender, dass europäische Politiker sich von den USA dazu überreden lassen, die militärischen Ausgaben zu erhöhen, statt die Gelegenheit zu ergreifen, finanzielle Mittel von militärischen Zielen zur Unterstützung der Wettbewerbsfähigkeit der Wirtschaften und zur Förderung ihrer nachhaltigen Entwicklung umzuverteilen. Europas Armeen – oder genauer gesagt, die Armeen der europäischen Länder, solange nur das Kommando über sie und die Verwaltung von Versorgung und Logistik koordiniert werden – sind bereits stark genug, um Russland effektiv von einer Aggression abzuhalten, falls es noch jemanden geben sollte, der glaubt, dass es nach der politischen und militärischen Blamage, die es im Konflikt mit der von Westen unterstützten Ukraine erlitten hat, Lust dazu haben könnte.

Die Lage ist sehr kompliziert geworden, da die europäischen Mitglieder der NATO immer sicherer sind, dass man sich auf die Loyalität der Vereinigten Staaten durch die Abweichungen von Trump 2.0 nicht mehr verlassen kann. In extremen Fällen kann man auf die Meinung stoßen, dies bedeute das Ende der NATO, wie wir sie kennen. Vielleicht. Selbst wenn die europäischen Partner nachgeben und immer mehr kostspielige Waffen aus Übersee importieren wollen, haben sie bereits gelernt, dass die Politik des Weißen Hauses, statt auf Vernunft und Einhaltung abgeschlossener Verträge zu basieren, von den Launen ihrer Bewohner geleitet wird und etablierte Prinzipien nicht respektiert. Kritisch ist in all dieser Verwirrung das Verhalten einiger europäischer Länder, angefangen mit Großbritannien, das seine Bereitschaft erklärt, möglicherweise Truppen in die Ukraine zu entsenden, um ihre Sicherheit nach der Aussetzung der Feindseligkeiten mit Russland zu gewährleisten. Es ist allgemein bekannt, dass sie unter solchen Umständen, ohne die Zustimmung der USA, dort nicht unter der NATO-Flagge stationiert werden können. Die

Situation hat sich noch weiter verschärft, da Russland nun klar gemacht hat, dass es keinen Friedensvertrag akzeptieren werde, wenn westliche Truppen in der Ukraine stationiert wären.

Wenn das Prinzip „alle für einen, einer für alle" nicht mehr gilt, ist es tatsächlich das Ende der NATO, wie wir sie kennen. Dann stellen sich die Fragen: Gibt es eine Chance, dass die Dinge wieder in die richtige Bahn kommen, oder werden sie weiterhin unbekannte Wege mit unsicheren endgültigen Lösungen verfolgen? Die Erklärung des Parteivorsitzenden der siegreichen Partei in den deutschen Wahlen, die zufällig genau am dritten Jahrestag der russischen Invasion der Ukraine stattfand, ist aussagekräftig. Friedrich Merz teilte mit: „Meine absolute Priorität [als deutscher Kanzler] wird es sein, Europa so schnell wie möglich zu stärken, damit wir Schritt für Schritt echte Unabhängigkeit von den USA erreichen können."[4] Im Hinblick auf den für Juli 2025 geplanten NATO-Gipfel sagte er, er wisse nicht, ob die dort versammelten Staats- und Regierungschefs „noch über die NATO in ihrer jetzigen Form sprechen würden oder ob wir viel schneller eine unabhängige europäische Verteidigungsfähigkeit aufbauen müssten."[5] Einige Monate später, am 25. Juni 2025, verkündeten die euphorischen Propagandisten dieses politisch-militärischen Bündnisses auf dem NATO-Gipfel in Den Haag einen angeblich „historischen Erfolg". Es wurde beschlossen, die Verteidigungsausgaben auf 5 % des BIP zu erhöhen – davon sollen mindestens 3,5 % auf rein militärische Ausgaben entfallen und 1,5 % auf Infrastruktur und andere verteidigungsunterstützende Bereiche. Dieses exorbitante Niveau der Militärausgaben soll innerhalb von zehn Jahren, also bis 2035, erreicht werden. Die Mitgliedstaaten haben somit ein ganzes Jahrzehnt Zeit, sich selbst etwas vorzumachen – so wie sie es bereits getan haben, indem sie, angefangen bei Deutschland, die auf dem NATO-Gipfel 2015 beschlossenen zwei Prozent des BIP für Verteidigung in zahlreichen Fällen nicht aufgebracht haben.

Laut den SIPRI-Jahrbüchern sanken die globalen Ausgaben, die als nationale Verteidigung im Verhältnis zum nationalen Einkommen eingestuft wurden, zwischen 1985 und 2000 um die Hälfte – von 4,3 % des gesamten Weltbruttoinlandsprodukts auf 2,2 %. Dies wurde durch eine Jahr für Jahr zunehmende Entspannung in den internationalen Beziehungen ermöglicht, zunächst unter den Präsidenten Ronald Reagan in den USA und Michail Gorbatschow in der Sowjetunion, dann in den 1990er-Jahren durch das Ende des vorherigen Kalten Krieges. Im historischen Jahr 1989, das mit dem Erfolg des Polnischen Runden Tisches und dem Fall der Berliner Mauer in die Geschichte einging, betrug es 3,5 %, aber 1996 waren es nur noch 2,4 %. Infolgedessen konnten in nur sechs Jahren etwa 600 Mrd. USD (zu heutigen Preisen sind das mehr als 1,3 Billionen)[6] von militärischen Zwecken auf die Finanzierung der wirtschaftlichen Entwicklung umgeschichtet werden, was Milliarden von Menschen auf der ganzen Welt zugutekam.

In den nächsten zwei Jahrzehnten, zwischen 2001 und 2020, blieb der Anteil der Militärausgaben am Weltbruttoinlandsprodukt mit geringen Schwankungen relativ stabil bei 2,2 %. 2025 betrug er bereits 2,5 %, und diese Rate steigt immer schneller.[7] Derzeit entspricht jeder Prozentpunkt des globalen BIP über einer Billion Dollar. Wie viel Gutes kann mit einer Million Dollar getan werden! Es ist daher notwendig, alles Menschenmögliche zu tun, um nicht auf das Niveau der Militärausgaben (überall als Verteidigungsausgaben bezeichnet; auch in Russland) der ersten Ära des Kalten Krieges zurückzukehren und die so eingesparten Mittel für eine nachhaltige Entwicklung zu verwenden. Es ist schade, dass dies nicht der Fall ist.

Damals kamen förderliche Impulse sowohl aus dem Kreml als auch aus dem Weißen Haus. Jetzt ist das nicht zu erwarten; es sei denn, man glaubt Präsident Trump, dass er die US-Militärausgaben kürzen und Russland und China dazu überreden wird, dasselbe zu tun, was ihm leichter fallen könnte, weil sie keine US-Waffen kaufen, sodass die Verluste gering wären. Es scheint, dass es möglich sein könnte, auf Europa zu setzen, aber sich auf Europa zu verlassen, erweist sich als noch illusorischer. *Ex ante* wissen wir nicht, wie viele Jahre vergeudet werden, bevor der nächste positive Durchbruch erreicht wird und die nächste Abrüstung der Welt einleitet. *Ex post* werden wir uns fragen, warum es so lange gedauert hat.

Notes

1. Ich widmete das Buch „Global Consequences of Russian Invasion of Ukraine …", op. cit., „Denen, die für den Frieden kämpfen, ohne sich auf den Krieg vorzubereiten".
2. „Trump says Russia should rejoin G7 after call with Putin", „Independent", 14. Februar 2025 (https://www.independent.co.uk/news/world/americas/us-politics/russia-g7-trump-putin-call-b2698235.html; Zugriff am 15.02.2025).
3. „Global defence spending soars to new high", Internationales Institut für Strategische Studien (IISS), London (https://www.iiss.org/online-analysis/military-balance/2025/02/global-defence-spending-soars-to-new-high/; Zugriff 19.02.2025). Daten in USD zu aktuellen Preisen von 2024. Auf diese Weise berechnet, gab Polen 28 Mrd. Dollar für die nationale Verteidigung aus und belegte damit den sechsten Platz nach den USA, Deutschland, Großbritannien, Frankreich und Italien. In Bezug auf die Ausgaben im Verhältnis zum BIP liegt Polen auf dem ersten Platz. Für Details siehe: „Press Release: Defence Expenditure of NATO Countries (2014–2024)", NATO, Brüssel (https://www.nato.int/nato_static_fl2014/assets/pdf/2024/6/pdf/240617-def-exp-2024-en.pdf; Zugriff am 19.02.2025).
4. „New German leader signals seismic shift in transatlantic relations", „BBC News", 24. Februar 2025 (https://www.bbc.com/news/articles/cpv4n0dg3v3o; Zugriff am 24.02.2025).
5. *Ebenda.*
6. 100 USD im Jahr 1989 entsprachen heute einer Kaufkraft von 254,52 USD. Nimmt man 1996 als Ausgangspunkt, so entsprachen 100 USD damals würde Anfang 2025 einen Wert von 201,15 USD haben. Siehe „CPI Inflation Calculator", (https://www.in2013dollars.com/us/inflation/1996?amount=100; Zugriff am 18.02.2025).
7. „Armaments, Disarmament and International Security", Stockholm International Peace Research Institute, SIPRI (https://data.worldbank.org/indicator/ms.mil.xpnd.gd.zs; Zugriff am 18.02.2025).

18

Russisch-ukrainischer Clinch

All das ändert nichts an der Tatsache, dass der abscheuliche Angriff auf die Ukraine unentschuldbar und verurteilenswert ist. Er hätte vermieden werden können, obwohl das weniger offensichtlich erscheint. Es gibt viele Meinungen, wonach Russland von Natur aus imperialistisch war und ist und nichts es von Expansionismus, einschließlich kriegerischer Eskapaden, abhalten wird. Allerdings war ich nicht der Einzige, der davon ausging, dass ein Angriff auf die Ukraine nicht stattfinden würde.

Der Aggressor kann nicht entschuldigt werden, aber auch das nationalistische Verhalten Kiews, das die russische Sprache schikaniert, kann nicht gebilligt werden. Es ist offensichtlich, dass Ukrainisch die Hauptsprache in der Ukraine ist, aber Russisch sollte auch frei in Verwaltung, Wissenschaft, Kultur und Medien verwendet werden, da sich etwa 17 % der Bevölkerung als Russen betrachteten,[1] und etwa 30 % Russisch als ihre Erstsprache angaben; in einigen Regionen, einschließlich Donbass, war es die überwiegende Mehrheit. Man hätte die Autonomie für Regionen mit dominanter russischer Bevölkerung akzeptieren können, wenn das ihr Wunsch gewesen wäre. Dennoch rechtfertigt das keine Invasion, die vom Kreml als „spezielle militärische Operation" bezeichnet wird.

© Der/die Autor(en), exklusiv lizenziert an Springer Nature Switzerland AG 2025
G. W. Kolodko, *Trumps zweite Amtszeit*,
https://doi.org/10.1007/978-3-032-02943-0_18

Ich lag falsch, weil es in Bezug auf Rationalität unmöglich schien. Ich glaube, dass es noch einige Tage vor Ausbruch des Krieges hätte vermieden werden können. Dies war auch die Ansicht des französischen Präsidenten Emmanuel Macron und des deutschen Kanzlers Olaf Scholz, die Moskau fast in letzter Minute besuchten; der erstere achtzehn, der letztere nur neun Tage vor der Invasion. Wenn sie dachten, es wäre unvermeidlich, hätten sie sich zu diesem Zeitpunkt nicht mit Präsident Putin getroffen. Der Staatsmann und prominente Diplomat Henry Kissinger vertrat bis zum Ende seiner Tage eine ähnliche Ansicht, und prominente amerikanische Professoren für politische Ökonomie, James Kenneth Galbraith, John Mearsheimer und Jeffrey Sachs, teilen diese Meinung noch heute.

Ich musste Kissinger zustimmen, als er sagte, dass „die ukrainische Frage allzu oft als Showdown gestellt wird: ob die Ukraine dem Osten oder dem Westen beitritt. Aber wenn die Ukraine überleben und gedeihen soll, darf sie nicht der Außenposten der einen oder anderen Seite gegen die andere sein – sie sollte als Brücke zwischen ihnen fungieren. Russland muss akzeptieren, dass der Versuch, die Ukraine zu einem Satellitenstatus zu zwingen und damit Russlands Grenzen erneut zu verschieben, Moskau dazu verdammen würde, seine Geschichte von sich selbst erfüllenden Zyklen gegenseitiger Druckausübung mit Europa und den Vereinigten Staaten zu wiederholen. Der Westen muss verstehen, dass die Ukraine für Russland niemals nur ein fremdes Land sein kann."[2]

Als ich über dieses Aufblühen der Ukraine sprach, sah ich die Dinge ähnlich. Auf dem Kiewer Wirtschaftsforum im November 2021 – drei Monate vor Ausbruch des Krieges – sagte ich den dort versammelten Politikern, den Spitzen der ukrainischen Wirtschaft und Finanzwelt sowie den Medienpersönlichkeiten, dass die Sine-qua-non-Bedingung für langfristigen Wohlstand eine gute Zusammenarbeit mit Russland ist. Leider entwickelten sich die Dinge in die falsche Richtung, da einige Politiker das Feuer schürten. Kissinger hatte absolut recht, als er argumentierte – wie ich auch bei unseren persönlichen Kontakten feststellen konnte –, dass „die Behandlung der Ukraine als Teil einer Ost-West-Konfrontation für Jahrzehnte jede Aussicht zunichte machen würde, Russland und den Westen – insbesondere Russland und Europa – in ein kooperatives internationales System zu integrieren."[3] Es ist bedauerlich, dass dies geschehen ist; diese Aussichten wurden verspielt und wir können nur hoffen, dass es möglichst wenige dieser Jahrzehnte sein werden.

Mearsheimer argumentiert, dass „die Probleme bezüglich der Ukraine tatsächlich auf dem NATO-Gipfel in Bukarest im April 2008 begannen, als die Regierung von George W. Bush das Bündnis dazu drängte, zu verkünden, dass die Ukraine und Georgien ‚Mitglieder werden'. Die russische Staatsführung reagierte sofort mit Empörung, charakterisierte diese Entscheidung als existenzielle Bedrohung für Russland und schwor, sie zu vereiteln. Laut einem angesehenen russischen Journalisten ‚geriet Herr Putin in Rage' und warnte: ‚Wenn die Ukraine der NATO beitritt, wird sie dies ohne die Krim und die östlichen Regionen tun. Sie wird einfach auseinanderfallen.' Amerika ignorierte jedoch Moskaus rote Linie und drängte darauf, die Ukraine zu einem westlichen Bollwerk an Russlands Grenze zu machen. Diese Strategie beinhaltete zwei weitere Elemente: die Annäherung der Ukraine an die EU und die Umwandlung in eine proamerikanische Demokratie."[4]

Die Frage der NATO war entscheidend und die Mitgliedschaft in diesem Militärpakt hätte nicht mit der Teilnahme an einer inklusiven wirtschaftlichen Gruppierung wie der Europäischen Union vermischt werden dürfen.

Jeffrey Sachs geht sogar noch weiter und schreibt den konservativen Kräften in den USA einen großen Teil der Schuld für den Krieg in der Ukraine zu, während er übertreibt, wenn er Russland von der Schuld freispricht. „Im Laufe des Jahres 2014 rief Putin wiederholt zu einem verhandelten Frieden auf, und dies führte zum Minsker Abkommen II im Februar 2015, das auf der Autonomie des Donbass und einem Ende der Gewalt auf beiden Seiten basierte. Russland beanspruchte den Donbass nicht als russisches Territorium, sondern forderte Autonomie und den Schutz der ethnischen Russen innerhalb der Ukraine. (…) Nach dem endgültigen Zusammenbruch des Minsker Abkommens II schlug Putin im Dezember 2021 erneut Verhandlungen mit den USA vor. Zu diesem Zeitpunkt gingen die Fragen sogar über die NATO-Erweiterung hinaus und umfassten grundlegende Fragen der nuklearen Bewaffnung. Schritt für Schritt hatten die US-Neokonservativen die nukleare Rüstungskontrolle mit Russland aufgegeben, wobei die USA 2002 einseitig aus dem ABM-Vertrag [ABM = Anti-Ballistic Missile] ausstiegen, ab 2010 Aegis-

Raketen in Polen und Rumänien stationierten und 2019 aus dem Vertrag über nukleare Mittelstreckensysteme [INF = Intermediate Nuclear Force] ausstiegen. Angesichts dieser ernsten Bedenken legte Putin am 15. Dezember 2021 einen Entwurf für einen ‚Vertrag zwischen den Vereinigten Staaten von Amerika und der Russischen Föderation über Sicherheitsgarantien' vor. Das dringendste Problem auf dem Tisch (Artikel 4 des Vertragsentwurfs) war das Ende des US-Versuchs, die NATO auf die Ukraine auszuweiten (…) [Es war möglich], einen Krieg in der Ukraine zu vermeiden, indem man die Neutralität der Ukraine akzeptierte, statt einer NATO-Mitgliedschaft, die für Russland eine klare rote Linie war. Das Weiße Haus lehnte diesen Rat jedoch kategorisch ab und behauptete erstaunlicherweise (und stumpfsinnig), dass die NATO-Erweiterung auf die Ukraine nicht Russlands Angelegenheit sei!"[5]

Sachs hat jedoch recht, wenn er die amerikanische – und im weiteren Sinne westliche – Behauptung in Frage stellt, dass die Frage einer möglichen NATO-Mitgliedschaft nicht Russlands Angelegenheit sei. Sie war es, sie ist es und sie wird es sein. Man kann mit Russland in vielen Fragen grundsätzlich nicht übereinstimmen, aber man kann nicht nicht mit ihm über Angelegenheiten sprechen, die es betreffen.

Es ist faszinierend, dass Präsident Trump nun eine ähnliche Meinung vertritt. Zumindest deutet das seine etwas vage Aussage an: „Russia has gotten themselves into something that I think they wish they didn't. If I were president, it would not have happened, absolutely would not have happened, and it didn't happen for four years. If you look at what has taken place under President Bush, they lost a lot under President Obama. They lost Crimea. Under Biden, it looks like they could lose the whole thing. Under Trump, they lost nothing. Ukraine lost nothing. They didn't give up anything. (…) Now, Russia has taken over a pretty big chunk of territory, and they also have said from day one, long before President Putin, they've said they cannot have Ukraine be a NATO. They said that very strongly. I think that that was the thing that caused the start of the war. And Biden said it, and Zelensky said it, and I think that was one of the reasons, one of the starts of the war. But from long before Putin, they said you cannot have, you cannot have Ukraine going in, in any way, into NATO. And I start from that standpoint. I think everybody knew that now, if a better deal can be negotiated, if they're able to make a deal where

18 Russisch-ukrainischer Clinch

they can do that, that's fine with me." („Russland hat sich in etwas verstrickt, von dem ich glaube, dass sie es lieber nicht getan hätten. Wenn ich Präsident wäre, wäre das nicht passiert, absolut nicht passiert, und es ist vier Jahre lang nicht passiert. Wenn man sich ansieht, was unter Präsident Bush passiert ist, haben sie viel verloren unter Präsident Obama. Sie haben die Krim verloren. Unter Biden sieht es so aus, als könnten sie das Ganze verlieren. Unter Trump haben sie nichts verloren. Die Ukraine hat nichts verloren. Sie haben nichts aufgegeben. (…) Jetzt hat Russland ein ziemlich großes Stück Territorium übernommen, und sie haben auch von Anfang an gesagt, lange vor Präsident Putin, sie haben gesagt, dass sie die Ukraine nicht in der NATO haben können. Sie haben das sehr deutlich gesagt. Ich glaube, dass das der Auslöser für den Beginn des Krieges war. Und Biden hat es gesagt, und Selenskyj hat es gesagt, und ich denke, das war einer der Gründe, einer der Auslöser des Krieges. Aber schon lange vor Putin haben sie gesagt, dass man die Ukraine nicht in die NATO aufnehmen könnte, in keiner Weise. Und ich gehe von diesem Standpunkt aus. Ich denke, das weiß jetzt jeder, dass, wenn ein besseres Abkommen ausgehandelt werden kann, wenn sie in der Lage sind, ein Abkommen auszuhandeln, bei dem sie das tun können, dann ist das für mich in Ordnung.")[6]

Er nutzte die Gelegenheit, zu sagen, dass er Russland nach dessen Ausschluss aus der G8 2014 nach der Besetzung der Krim gerne wieder in diese Gruppe von Ländern einladen würde, die die größten hochentwickelten kapitalistischen Volkswirtschaften – die USA, Deutschland, Japan, das Vereinigte Königreich, Frankreich, Italien und Kanada – zusammenbringt. Russland wurde 1998, während der Präsidentschaft von Bill Clinton, zur G7 hinzugefügt, quasi als Belohnung für seine Fortschritte bei der Umstellung auf eine marktorientierte Wirtschaft und der Demokratisierung seines Systems. Bei späteren G8-Gipfeln nahm Russland nur an Debatten über wirtschaftliche Fragen teil, weil es politisch nicht hineinpasste. Ähnlich hat China aus systemischen und politischen Gründen bis heute nicht in diese Gruppe gepasst. Seine Wirtschaft entspricht, gemessen an der Produktion, derzeit dem aggregierten BIP der sechs Nicht-US-Mitglieder der G7 (nominell in aktuellen Dollar berechnet mit 19,53 gegenüber 20,99 % der Weltproduktion im Jahr 2024).

So wie es höchst umstritten war, Russland in diese Gruppe aufzunehmen, war es vernünftig, es nach der Annexion der Krim zu entfernen. Jetzt denkt Donald Trump: „it was a mistake to throw them [Russians] out" („Es war ein Fehler, sie [die Russen] rauszuwerfen;")[7] wahrscheinlich, weil es Präsident Barack Obamas Entscheidung war. Und das Interessanteste an all dem ist, dass der Kreml seit 2018 sagt, er sei nicht an einer möglichen Wiederaufnahme in die G7 interessiert. Jetzt sagen sie das auch. Ich denke, das liegt nicht daran, dass es mit seinem BIP von nicht mehr als 2,2 % der Weltproduktion global außerhalb der Top Ten liegt – auf dem elften Platz zwischen Kanada und Mexiko (vor Russland gibt es natürlich China, sowie Indien und Brasilien). Und auch nicht, weil man sich in dieser Frage innerhalb der Gruppe der 7 nicht auf den nötigen Konsens verlassen, sondern weil man in Moskau – im Gegensatz zu Washington – weiß, dass sie fehl am Platz sind.

Die mögliche Aufnahme der Ukraine in die Europäische Union – vorausgesetzt, sie erfüllt alle Kriterien ohne Ausnahme, wie es bei den Beitritten anderer mittel- und osteuropäischer Volkswirtschaften gefordert wurde und von den aspirierenden Balkanstaaten erwartet wird – gefährdet nicht an sich die guten Beziehungen zu Russland. Präsident Putin behauptete – und in diesem Fall gibt es keinen Grund, ihm nicht zu glauben –: „Wir haben nichts dagegen, es ist kein militärischer Block. Und wir waren nie dagegen. Wir haben uns gegen die militärische Entwicklung des ukrainischen Territoriums gewehrt und hatten keine Einwände gegen die wirtschaftliche Integration."[8] Ähnlich – denn wie könnte es anders sein? – wurde die Angelegenheit von Sergej Lawrow, dem Außenminister Russlands, dargestellt: „Unsere Position war immer, dass die Europäische Union kein politischer Block ist, im Gegensatz zur NATO. Die Entwicklung ihrer Beziehungen zu allen Ländern, die dies wünschen, stellt für uns keine Bedrohungen und Risiken dar."[9] Diese Ansichten wurden – was nicht unbedeutend ist, genau am Tag der Gespräche zwischen den Chefs der Moskauer und der US-Diplomatie in Riad – vom Kreml-Sprecher Dmitri Peskow wiedergegeben: „Dies ist das souveräne Recht eines jeden Landes. Wir sprechen über Integration und wirtschaftliche Prozesse, und hier kann natürlich niemand einem Land irgendetwas diktieren. Wir werden das nicht tun. Aber unsere Haltung zu Fragen der Sicherheit, Verteidigung oder militärischen Allianzen ist völlig anders. Dort gibt es ein anderes Problem, und das ist jedem bekannt."[10]

Wie in den Jahren vor der russischen Invasion glaube ich immer noch, dass es ein fundamentaler Fehler des Westens war, die Ukraine auf seine Seite ziehen zu wollen, indem er sie mit einer fundamentalen Abwendung von Russland identifizierte. Die Staatsraison der Ukraine war die politische und wirtschaftliche Verwestlichung, die in der Integration in die Europäische Union bestehen sollte, aber nicht im Anti-Russismus, und schon gar nicht in einer Komplizenschaft durch die Verlagerung der östlichen NATO-Grenzen an die westliche Grenze Russlands. Es war möglich, gute Beziehungen zum Westen aufzubauen, ohne schlechte, wenn nicht gar feindselige Beziehungen zu Russland zu haben. Schon im Januar 2014 schrieb ich: „Die Europäische Union und ihre Anführer waren nicht in der Lage (und nicht gewillt), vor dem Gipfel im November 2013 in Vilnius eine klare Erklärung abzugeben, dass die Ukraine in die Union aufgenommen würde, wenn sie alle Mitgliedschaftskriterien erfüllte. Das könnte im dritten oder vierten Jahrzehnt sein, aber sie wird akzeptiert werden. Das wurde nicht gesagt, was auch die Heuchelei der ‚Freie Welt'-Politik zeigt. Auch die Politik, die die Ukraine als Bauernopfer im Spiel der konservativen Kräfte im Westen gegen Russlands geopolitische Position sieht, die sie für zu stark halten."[11]

Als ich die damals den Maidan besetzende Demonstranten traf und fragte, wie lange sie dort bleiben würden, sagten sie nichts über Moskau, sondern antworteten, dass sie dort bleiben würden, bis die Korruption, die Kiew beherrscht, beendet sei.

Ich lag auch falsch in Bezug auf die russische Invasion, weil ich nicht dachte, dass der Moskauer Herrscher so töricht sein würde, einen militärischen Kampf zu entfesseln, den er nicht gewinnen konnte, nicht gewinnt und nicht gewinnen wird, oder auch nur teilweise auf seine Bedingungen abschreiben kann. Obwohl es auf die Interpretation ankommt, auf die Definition von Sieg.

Sicherlich werden viele, insbesondere Präsident Putin selbst, die Beibehaltung der annektierten ukrainischen Gebiete durch Russland als Sieg wahrnehmen. Aber es wird ein Pyrrhussieg sein. Nach seinem „Sieg" wollte König Pyrrhus von Epirus keinen Krieg mehr führen; nach der Schlacht gegen die Römer im Jahr 279 v. Chr. sagte er zu den Kommandeuren, die ihm gratulierten: „Noch ein Sieg wie dieser und wir sind verloren." Er träumte nicht länger von irgendeinem Krieg. Putin träumt nach der Lektion, die wir ihm erteilt haben, wahrscheinlich nicht mehr von einem weiteren solchen „Sieg", den er angeblich in der Ukraine errungen hat. Vielleicht wird ein Neologismus „Putin-Sieg" entstehen; scheinbar ein Sieg, aber einer, der mit solch enormen Kosten verbunden ist, dass er dennoch eine Niederlage und moralisches Versagen darstellt. Nichts wird daran ändern, dass er ein Kriegsverbrecher ist, wie vom Internationalen Strafgerichtshof (IStGH) festgestellt.

Trotz alledem werfen viele sowohl Russland als auch Putin persönlich imperiale Ambitionen vor. Einmal sagte er – mit Nostalgie, wie man vermuten könnte –, dass „diejenigen, die den Zusammenbruch der Sowjetunion nicht bedauern, kein Herz haben …" Aber wenige Menschen beachten, was er gleich danach sagte: „diejenigen, die sie in ihrer früheren Form wiederherstellen wollen, haben keinen Kopf."[12] Nun, es stellt sich heraus, dass einige Menschen handeln, als hätten sie keinen Kopf.

Auch wenn, wenn auch in einem völlig anderen Kontext und in Bezug auf andere Aspekte, der derzeitige US-Präsident seinen Kopf verloren zu haben scheint, muss er in all seinen Bemühungen, den russisch-ukrainischen Krieg so schnell wie möglich zu beenden, unterstützt werden. Es spielt keine Rolle, dass es lächerlich war, seine schnelle Beendigung in seinen ersten 24 h im Amt anzukündigen; ein Tag ist viel zu kurz dafür. Er hatte recht, als er (am 12. Februar 2025) auf seiner Social-Media-Plattform Truth Social schrieb: „It is time to stop this ridiculous War, where there has been massive, and totally unnecessary, DEATH and DESTRUCTION." („Es ist Zeit, diesen lächerlichen Krieg zu beenden, in dem es massiv, und völlig unnötig, TOD und ZERSTÖRUNG gab.")[13]

Er hätte viel früher beendet werden können, im Frühjahr 2022, kurz nach der russischen Invasion. Damals stand eine Vereinbarung kurz vor dem Abschluss, die mit Vermittlung der Türkei und ihres Präsidenten Recep Tayyip Erdoğan im Grundsatz in Istanbul ausgehandelt wurde. Sowohl Kiew als auch Moskau waren bereit, sie abzuschließen, und entschieden sich für einen Waffenstillstand und weitere Verhandlungen, aber die Einflussnahme von außen – insbesondere von den Vereinigten Staaten unter Präsident Joe Biden und von Großbritannien mit Premierminister Boris Johnson, aber auch von Polen, das unnötig angeheizt wurde – torpedierte die dortige Chance.

Auch damals – viel zu früh! – nahm ich Stellung zur Frage der Wirtschaftshilfe für die Ukraine nach dem Krieg. Im April 2022 schrieb ich: „Nach Angaben des ukrainischen Premierministers Denys Schmyhal belaufen sich die Verluste angesichts der bereits entstandenen Schäden und des erwarteten Produktionsrückgangs in den kommenden Jahren auf wird über eine Billion USD betragen, wovon die Zerstörung der Infrastruktur 120 Mrd. USD ausmacht. Selbst wenn diese Schätzungen übertrieben sein sollten, sind die Verluste tatsächlich enorm. Diese werden umso geringer sein, je früher der Krieg endet, was auf jede erdenkliche Weise angestrebt werden sollte, und je erfolgreicher die langfristigen wirtschaftlichen Folgen des Krieges abgemildert werden können. In der aktuellen Phase der Krise ist humanitäre und militärische Hilfe am dringendsten. Es wird jedoch eine Zeit kommen, in der die Schüsse verstummen werden. Am Tag danach wird nicht nur sofortige Hilfe, sondern auch langfristige Unterstützung unerlässlich sein."[14]

Wenn ein solcher Tag kommt, ist die Angelegenheit jetzt viel komplizierter, weil die Verluste überwältigend sind.

Der Wiederaufbau der am stärksten verwüsteten östlichen Regionen der Ukraine, die Russland besetzt hält, ist seine Sorge. Dort werden die Kosten monströs sein. Der Wiederaufbau der weitaus geringeren Schäden im verbleibenden Territorium ist unsere Sorge. Das Problem ist, dass die Ukraine jetzt viel ärmer ist als vor drei Jahren und gleichzeitig viel stärker verschuldet. Umso mehr Grund für die internationale Gemeinschaft zu helfen. Der Westen kann sich eine weitreichende Reduzierung der ausländischen Verpflichtungen der Ukraine leisten. Eine solche Absicht sollte öffentlich erklärt werden, wobei die Stufen der Schuldenreduzierung an Fortschritte bei der De-Oligarchisierung und dem Aufbau einer sozialen Marktwirtschaft anstelle des korrupten Staatskapitalismus geknüpft werden sollten. Die Europäische Union sollte ein viel größeres Interesse zeigen, eine klare Initiative in dieser Angelegenheit ergreifen und dann den Schuldenabbau überwachen und beaufsichtigen. In dieser Hinsicht kann Kiew nicht auf die Vereinigten Staaten zählen.

Allerdings ist alleinige Schuldenerleichterung nicht ausreichend, und ich wiederhole den Vorschlag, den ich in der „Financial Times" gemacht habe, einen speziellen Europäischen Fonds für den Wiederaufbau der Ukraine (EFRU = European Fund for Reconstruction of Ukraine), zu schaffen, der von der Europäischen Union mit Beteiligung von Großbritannien, der Schweiz und Norwegen rekapitalisiert werden sollte. Daran muss dringend parallel zur Schaffung eines Systems von Sicherheitsgarantien für die Ukraine nach dem Krieg gearbeitet werden, da beides von grundlegender Bedeutung ist. Die Ukraine wird nicht sicher sein, es sei denn, sie ist wirtschaftlich abgesichert. Sie wird es nicht alleine schaffen können. Bisher deutet nichts darauf hin, dass die Dinge in diese Richtung gehen werden.

Es werden Stimmen laut, die Maßnahmen zur Bindung der Ukrainer fordern, die in großer Zahl vor dem Krieg geflohen sind. Dann würde die bisher lobenswerte humanitäre Hilfe, die ihnen gewährt wurde, nach Beendigung der Feindseligkeiten zu einer dauerhaften Abwanderung von Arbeitskräften führen. Sollte die Verbesserung ihrer Bilanz in den EU-Ländern auf Kosten der Verschlechterung in der Ukraine gehen? Statt eine angemessene Institutionalisierung des EFRU vorzubereiten, werden andere Ideen vorangetrieben, um der Ukraine angeblich zu helfen. Das zunehmend kriegerische Magazin „The Economist" schlägt, unterstützt durch europäische Militaristen, vor, dass „Europa einseitig die 210 Mrd. EUR (220 Mrd. USD) an russischem Geld, das in europäischen Banken eingefroren ist, ausnutzen sollte. Damit könnte die Ukraine weiterkämpfen oder sich neu bewaffnen, während die amerikanischen Mittel schwinden."[15] Abgesehen von der Tatsache, dass eine solche Beschlagnahmung von fremdem Geld gegen das internationales Finanzrecht verstieße, geht es also nicht darum, einer durch den Krieg stark belasteten Wirtschaft beim Wiederaufbau zu helfen, sondern um die Finanzierung weiterer Rüstungen und die Fortsetzung des Krieges. „Weiterkämpfen", wie lange noch? Bis kein Stein mehr auf dem anderen steht?

Ich bleibe bei meinem Vorschlag, dass auch China erheblich dazu beitragen könnte, die Ukraine aus dem nachkriegsbedingten Zusammenbruch herauszuführen. Wie ich schrieb: „Sobald ein Waffenstillstand verkündet wird, sollte Präsident Xi Jinping Präsident Wolodymyr Selenskyj anrufen und die Ukraine einladen, der 16+1-Gruppe beizutreten, und seine Bereitschaft erklären, beim Wiederaufbau der zerschlagenen Wirtschaft zu helfen. Eine solche Handlung wäre weder anti-russisch noch anti-EU, noch ein Zeichen für chinesischen Expansionismus, sondern ein Ausdruck der Bereitschaft Chinas, sich am Prozess zur Überwindung der ukrainischen Krise zu beteiligen. Sie könnte auch den etwas wackeligen Kurs der Belt and Road Initiative (BRI) in Osteuropa wiederbeleben. Auch zum Vorteil der Europäischen Union, da ihre Unternehmen gerne an verschiedenen Planungs- und Bauarbeiten teilnehmen würden, die von China und manchmal auch von der Europäischen Union, insbesondere der Europäischen Investitionsbank, EIB, und der Europäischen Bank für Wiederaufbau und Entwicklung, EBRD, mitfinanziert werden. China hat erhebliche Überkapazitäten im Bausektor (was einer der Faktoren für den Start der BRI war) und sucht nach Möglichkeiten, diese im Ausland zu nutzen. Es hat umfangreiche Erfahrungen mit Infrastrukturinvestitionen, einschließlich Straßen, Brücken, Tunneln, Häfen, Flughäfen, Eisenbahnlinien, Stromnetzen und Internetnetzwerken. Chinesische Unternehmen haben schnell gelernt und gezeigt, dass sie sich an die unterschiedlichsten Bedingungen anpassen können – von ihrem eigenen riesigen Land über Südasien und den Nahen Osten bis nach Afrika. Sie haben auch etwas in Europa gebaut, nicht nur im zentralen und östlichen Teil des Kontinents."[16]

Also – selbst wenn die Ölpreise nicht drastisch sinken – wird dieser Krieg enden. Übrigens, ist es nicht faszinierend, dass Trump einige Tage nachdem er Saudi-Arabien aufgefordert hat, die Ölpreise zu senken, um zu verhindern, dass der Kreml den Krieg mit der Ukraine finanziert, ein Treffen mit dem russischen Präsidenten ankündigte, das genau dort in Riad stattfinden würde? Sie können sich nicht auf halbem Weg zwischen Washington und Moskau, in der isländischen Hauptstadt Reykjavik, treffen, wie Reagan und Gorbatschow es taten, weil Putin als Kriegsverbrecher unter dem Urteil des ICC verhaftet würde. Ist es nicht eine Ironie des Schicksals, dass sich einst Stalin mit Roosevelt in Teheran traf und sich jetzt Putin mit Trump in Riad treffen kann?

Notes

1. Die Entscheidung des Verfassungsgerichts der Ukraine von 2018, das Gesetz von 2012 für verfassungswidrig zu erklären, das die Anerkennung einer zweiten Regionalssprache als offiziell zuließ, wenn mehr als zehn Prozent der lokalen Gemeinschaft sie als ihre Muttersprache betrachteten, war eindeutig antirussischer Natur.
2. Henry A. Kissinger, „How the Ukraine crisis ends", „The Washington Post", 5. März 2022 (https://www.washingtonpost.com/opinions/henry-kissinger-to-settle-the-ukraine-crisis-start-at-the-end/2014/03/05/46dad868-a496-11e3-8466-d34c451760b9_story.html; Zugriff am 14.02.2025).
3. *Ebenda.*
4. John Mearsheimer, „Why the West is principally responsible for the Ukrainian crisis", „The Economist", 19. März 2022 (https://www.economist.com/by-invitation/2022/03/11/john-mearsheimer-on-why-the-west-is-principally-responsible-for-the-ukrainian-crisis; Zugriff am 14.02.2025).
5. Jeffrey D. Sachs, „Why Won't the US Help Negotiate a Peaceful End to the War in Ukraine?", „Common Dreams", 19. Juni 2024 (https://www.commondreams.org/opinion/role-of-us-in-russia-ukraine-war; Zugriff am 14.02.2025).
6. „Trump says Russia should rejoin G7 after call with Putin", „Independent", 14. Februar 2025 (https://www.independent.co.uk/news/world/americas/us-politics/russia-g7-trump-putin-call-b2698235.html; Zugriff am 15.02.2025).
7. *Ebenda.*
8. „,My nichego ne imeyem protiv'. Putin o perspektivakh vstupleniya Ukrainy v Yevropeyskiy Soyuz", „Strana.UA", 17. Juni 2022 (https://strana.today/news/395943-my-nicheho-ne-imeem-protiv-putin-o-vstuplenii-ukrainy-v-evropejskij-sojuz.html; Zugriff am 31.03.2025).
9. „Lavrov isklyuchil ugrozu dlya Rossii so storony Ukrainy kak kandidata v ES", „rbc.ru", 24. Juni 2022 (https://www.rbc.ru/politics/24/06/2022/62b597529a7947945743e69f; Zugriff am 31.03.2025).
10. „Moscow: Kyiv has ‚right' to join EU – but military alliances ‚completely different'", „BBC News", 18. Februar 2025 (https://www.bbc.com/news/live/c62e2158mkpt; Zugriff am 18.02.2025).

11. Grzegorz W. Kolodko, „Jedna Ukraina czy dwie" („Eine Ukraine oder zwei"), „Rzeczpospolita", 28. Januar 2014 (https://www.tiger.edu.pl/kolodko/artykuly/RZECZPOSPOLITA_Jedna Ukraina czy dwie_28_01_2014.pdf; Zugriff am 18.02.2025).
12. „Kto ne zhaleyet o raspade Sovetskogo Soyuza – u togo net serdtsa, a kto khochet yego vosstanovleniya v prezhnem vide – u togo net golovy". „Razgovor s Vladimirom Putinym. Prodolzheniye", 16. Dezember 2010 (https://www.vesti.ru/article/2072038; Zugriff am 17.05.2022). In diesem Interview zitiert Präsident Putin diesen Satz und bittet darum, ihn in Anführungszeichen zu setzen und darauf hinzuweisen, dass es sich um eine frühere Aussage von ihm handelt. Einige glauben, dass er nicht der ursprüngliche Autor dieser Worte ist, sondern sie von anderen Politikern oder Schriftstellern übernommen hat.
13. „Ukraine war talks start now, Trump says after Putin call", 13. Februar 2025 (https://www.rmf24.pl/raporty/raport-wojna-z-rosja/news-rozmowy-na-szczycie-trump-zadzwonil-do-putina-i-zelenskiego,nId,7911176#crp_state=1; Zugriff am 31.03.2025).
14. Grzegorz W. Kolodko, „Ukraine recovery needs a debt write-off and help from the EU and China", „Financial Times", 8. April 2022 (https://tiger.edu.pl/Ukraine_recovery_needs_a_debt_write-off.pdf; Zugriff am 20.02.2025).
15. „How Europe must respond as Trump and Putin smash the post-war order", „The Economist", 22. Februar 2025 (https://www.economist.com/leaders/2025/02/20/how-europe-must-respond-as-trump-and-putin-smash-the-post-war-order; Zugriff am 20.02.2025).
16. *Ebenda.*

19

Was wird als Nächstes passieren?

Das tragische Töten wird aufhören, aber der Konflikt wird noch lange andauern. Überaus lange. Russland wird nicht bereit sein, die eroberten Gebiete an die Ukraine zurückzugeben, insbesondere die Krim – selbst wenn der Westen bereit wäre, die schweren Sanktionen gegen Russland aufzuheben – und die Ukraine wird verständlicherweise nicht bereit sein, dies zu akzeptieren, über Jahre, wenn nicht Generationen hinweg. Die Sanktionen müssen aufrechterhalten werden, bis Moskau einer Vereinbarung zustimmt, die Kiew akzeptieren kann. Die internationale Gemeinschaft sollte jede von beiden Seiten im Ukraine-Russland-Konflikt erarbeitete Vereinbarung unterstützen, ohne sie an zusätzliche Vorbehalte zu knüpfen.

Was die Sanktionen betrifft, so ist ihre Dosierung sehr interessant. Es war für eine solch verwerfliche Tat, die von Russland begangen wurde, unmöglich, sie nicht mit Handels- und Finanzrepressionen zu bestrafen. Aber warum werden sie scheibchenweise erteilt, statt mit einem kräftigen Schlag, der es zwingen würde, seine militärische Aggression so schnell wie möglich zu stoppen? Wie ist es möglich, dass die Europäische Union am dritten Jahrestag der Invasion – dem 24. Februar 2025 – ihr 16. Sanktionspaket einführt? Eine Art Tropf, um den Zustand des Adressaten aufrechtzuerhalten, statt ein starker Schlag, der die Spielregeln ändert? Ca. alle zwei Monate wird eine weitere Tranche von Sanktionen verhängt, als ob ihr zentraler Angelpunkt von ihnen nicht in kurzer Zeit stark konzentriert werden könnte? Ähnlich wurden in aufeinanderfolgenden, begrenzten Portionen Sanktionen von Großbritannien und den USA verhängt. Dies geschah, weil die Oberhand nicht von denen ergriffen wurde, denen wirklich am baldigen Ende dieses tragischen Krieges gelegen war, sondern von denen, deren wirtschaftliche und politische Interessen in seiner Fortsetzung lagen. Wirtschaftlich, weil viele westliche Unternehmen es profitabel fanden, lukrative Verträge mit russischen Partnern fortzusetzen. Sie haben viel verloren, indem sie diese Deals abgeschlossen haben, da Sanktionen in gewissem Maße auch denen schaden, die sie verhängen. Wirtschaftlich und politisch, weil es von den Kreisen der Politiker billant ausgenutzt wurde, die von den Waffenherstellern, die die Ukraine belieferten, korrumpiert wurden. US-Waffenproduzenten erwirtschafteten damit rund 70 Mrd. USD. Politisch, weil sie, wie Lloyd Austin, Verteidigungsminister in der Regierung von Präsident Biden, sagte, gerne sähen, dass „Russland in dem Maße geschwächt wird, dass es nicht die Art von Dingen tun kann, die es bei der Invasion der Ukraine getan hat",[1] was er sehr früh sagte, genau zwei Monate nach Kriegsausbruch, als eine Vereinbarung zur Waffenruhe und zur Aufnahme von Verhandlungen vorlag.

Laut Kirill Dmitriev, der an den Top-US-Universitäten Stanford und Harvard gut ausgebildet wurde und ein enger Vertrauter von Präsident Putin ist, haben US-Unternehmen zwischen 2022 und 2024 aufgrund des durch die Sanktionen erzwungenen Rückzugs aus Russland bis zu 324 Mrd. USD verloren.[2] Diese Zahl ist auffallend präzise, vermutlich um sie authentischer wirken zu lassen. Gleichzeitig scheint sie stark übertrieben, um Präsident Trump zu beeindrucken und seine politischen Entscheidungen zu beeinflussen, es amerikanischen Unternehmen zu erlauben, wieder Geschäfte mit russischen Partnern zu machen. Etwas würde auch für den Kreml dabei herausspringen, wie es schon früher der Fall war. Deshalb nahm Dmitriev an dem Treffen zwischen Außenminister Rubio und Minister Lawrow in Riad teil.

Eines Tages, wenn mehrere Generationen vergangen sind, könnten Russen und Ukrainer gute Nachbarn werden. So wie sich im Laufe der

19 Was wird als Nächstes passieren?

Zeit – leider nach drei Kriegen, darunter zwei Weltkriegen – das Verhältnis zwischen Deutschland und Frankreich verändert hat. Zunächst haben sie sich um das Elsass und Lothringen bekämpft, und heute achtet kaum noch jemand darauf, zu welchem dieser Länder diese Départements gehören. Wird es eines Tages mit der Krim und dem Donbass genauso sein? Das mag heute wie Ketzerei klingen, aber die Ukraine kann keine gute, wohlhabende Zukunft haben, ohne wenn nicht freundschaftliche, dann zumindest einigermaßen gute Beziehungen zu ihrem großen Nachbarn aufzubauen. Es könnten weitere Analogien aus der Vergangenheit gezogen werden, wie der Konflikt zwischen Italien und Österreich um das Gebiet, das von ersterem Alto Adige und von letzterem Südtirol genannt wird, oder das Verhältnis zwischen den USA und Mexiko, ganz zu schweigen von der Geschichte Polens und Deutschlands. Bevor dies jedoch geschieht, werden die russisch-ukrainischen Beziehungen eher den gegenwärtigen Beziehungen zwischen Indien und Pakistan bezüglich Kaschmir oder zwischen Kongo und Ruanda bezüglich der Provinz Kivu ähneln. Dies ist noch weit entfernt von dem, was derzeit in den Beziehungen zwischen Aserbaidschan und Armenien stattfindet, Nachbarn, die seit vielen Jahren in Streitigkeiten über die Region Berg-Karabach verwickelt sind, einschließlich unglücklicher militärischer Konflikte, die schließlich nach ihrer militärischen Aktion im Jahr 2023 in Aserbaidschan eingegliedert wurde.

Der globale Kontext des Kriegskonflikts in Osteuropa entgeht der Aufmerksamkeit vieler Analysten. Es gibt andere heftige bewaffnete Auseinandersetzungen, die viel schwerwiegendere humanitäre Krisen als in der Ukraine verursachen und relativ größeren wirtschaftlichen Schaden anrichten. Dazu gehören die katastrophalen Folgen des israelisch-palästinensischen Krieges in Gaza, aber auch die erschreckenden Situationen ihrer der Auswirkungen auf die geopolitischen Verschiebungen. Eines Tages, in ferner Zukunft, wird die Geschichte sie vor allem aus dieser Perspektive betrachten. Warum haben sich die Großmächte der Welt auf diese Weise verhalten? Wie hat sich ihre globale Position verändert? Wie haben sich die gegenseitigen Beziehungen nach dem Krieg verändert? Wie haben sich die politischen, wirtschaftlichen, ökologischen, sozialen und kulturellen Fäden mit den militärischen verknüpft? Der direkte Grund für den Krieg ist bekannt, aber wer wollte was gewinnen und was wollten sie erreichen? Während einige die Kriegsopfer und die entstandenen Kosten zählen,[3] betrachten andere ihre finanziellen Gewinne und politischen Vorteile. Während einige sich um das erzwungene Verschieben sichtbarer Grenzen sorgen, verschieben andere unsichtbare Grenzen auf der geopolitischen Weltkarte.

Es klingt bedrohlich, wenn Trump mit seinem prahlerischen Ehrgeiz seine Supermacht-Illusionen als realistische Visionen entlarvt und sagt: „Nothing will stand in our way." („Nichts wird uns im Wege stehen.") Das kann man nicht ignorieren. Denn er ist immer noch nicht in der Lage zu begreifen, dass die Zeit der amerikanischen Dominanz vorbei ist, dass das Zeitalter des Multilateralismus unwiderruflich angebrochen ist und es notwendig ist, im Namen gemeinsamer Interessen mit anderen umzugehen, statt zu versuchen, sie zu unterwerfen, und damit ein bereits ausreichend instabiles Weltsystem weiter zu destabilisieren.

Die Situationen werden in den Vereinigten Staaten, bei ihren nahen und fernen Nachbarn und an vielen anderen Orten dieser turbulenten Welt komplizierter und verschärfter werden, da die Bande, die sie verbinden, zerbrochen werden. Wenn die gesamte Amtszeit des 47. Präsidenten erfüllt wird, wird die Situation am 20. Januar 2029 spürbar schlechter sein. Wenn die Episode Trump 2.0 früher endet – aufgrund der Möglichkeit eines Amtsenthebungsverfahrens, klein, aber machbar, oder anderer Umstände – wird der Schaden etwas geringer sein. Wenn hingegen die Möglichkeit von Trump 3.0 Realität werden sollte, wäre der Schaden viel größer, denn er baut sich im Laufe der Zeit auf, nicht linear, sondern exponentiell.

Unter normalen Umständen wäre die Option Trump 3.0 eine Fantasie, aber wir erleben ungewöhnliche Bedingungen. Vielleicht wird er es beim nächsten Mal, im Kampf um die Macht, nicht dabei belassen, eine aufgebrachte Menge zum Marsch auf das Washingtoner Kapitol zu bewegen. Außergewöhnliche Umstände könnten entstehen, die den Präsidenten zu einer legitimen Verlängerung seiner Amtszeit berechtigen würden. So geschah es in der Ukraine, wo laut Verfassung 2024 keine Wahlen abgehalten werden konnten, weil ein von der russischen Aggression ausgelöster Krieg im Gange war. Trump hat das nicht verstanden und Präsident Selenski fälschlicherweise als Diktator bezeichnet, aber er könnte versucht sein, selbst einer zu werden. Ein Krieg mit China wäre eine gute Ausrede (oder eher eine schlechte). Er könnte provoziert werden, indem Taiwan zur Unabhängigkeitserklärung gedrängt wird, und dann könnte er dafür und für das Recht, länger im Weißen Haus zu sitzen, eintreten.

Wenn Präsident Trump keinen *hot war* (offenen Krieg) mit China will, sollte er alles vermeiden, was einen bewaffneten Konflikt zur Taiwan-Frage provozieren könnte. Völlig unnötigerweise wurden die Beziehungen zu Peking gereizt, nachdem die Formulierung „we do not support Taiwan's independence" („wir unterstützen nicht die Unabhängigkeit Taiwans") bereits in der dritten Woche der neuen Regierung von der Website des Außenministeriums entfernt wurde. Statt gelegentlich mit dem Säbel zu rasseln und es zur Unabhängigkeitserklärung zu drängen – was auch Politikern der Demokratischen Partei passiert ist und was, wie Präsident Xi Jinping ankündigt, in einer chinesischen Invasion und der gewaltsamen Rückkehr Taiwans zum Mutterland resultieren würde –, sollte die Ein-China-Politik eingehalten werden, wie es den zwischen Washington und Peking getroffenen Vereinbarungen entspricht. Da die gegenwärtige Generation das Taiwan-Problem möglicherweise nicht endgültig friedlich lösen kann, ist es am besten, den Status quo zu bewahren und die Angelegenheit den nächsten Generationen zu überlassen, wie es der reformistische Führer der Volksrepublik China, Deng Xiaoping, weise riet.

Die wahrscheinlichste Option ist eine volle vierjährige Amtszeit für Präsident Trump. Historisch gesehen sind 1.461 Tage nicht viel, aber sie reichen, um eine Menge Schaden anzurichten. Wahrscheinlich wird auch etwas Gutes getan werden, aber die schlechten Seiten der Trumponomics und des Trumpismus werden überwiegen und werden sich noch viele Jahre bemerkbar machen. Dies wird an verschiedenen Orten unterschiedlich erlebt werden. Es wird eine riesige Umstrukturierung stattfinden in den Arrangements der Big Five, also den Vereinigten Staaten, China, Indien, Russland und der Europäischen Union.

Nimmt man den Beginn des Jahres 2025, als Trump 2.0 startete, als Referenzpunkt, wird Indien am besten abschneiden, indem es von zwei spezifischen Dividenden profitiert. Die erste ist eine Friedensdividende, wenn sie sich nicht zu sehr in eine Rüstungsspirale verwickeln und militärische Konflikte mit Pakistan und China vermeiden. Ich glaube, dass diese Vorbehalte erfüllt werden können. Die zweite ist die demografische

Dividende. Im Gegensatz zu den alternden Gesellschaften der anderen vier gibt es in Indien viele junge Menschen, die die schnell wachsende Wirtschaft mit der benötigten Arbeitskraft versorgen. Während das Medianalter (das Alter, das die gesamte Bevölkerung in zwei Hälften teilt) in den USA 38,9, in China 40,2, in Russland 41,9 und in der Europäischen Union 44 ist, beträgt es in Indien nur 29,8.

China wird es gut gehen. Russland wird hinterherhinken. Die Europäische Union, mit ihrem enormen Potenzial, könnte es versäumen, dieses zu nutzen. Sie könnte relativ gesehen am meisten verlieren, es sei denn, sie bekommt die strukturellen und institutionellen Probleme, die sie plagen, in den Griff. Wenn sie die Integration vertieft und stark in die Verbesserung der wirtschaftlichen Wettbewerbsfähigkeit investiert, wird sie gewinnen; wenn sie es versäumt, die sie vereinenden Mechanismen zu verbessern, und zu viel für Rüstung ausgibt, wird sie verlieren. Sie muss ihre Beziehungen zu den Vereinigten Staaten auf pragmatische Weise vernünftig neu ausrichten. Wie Henry Kissinger zu sagen pflegte: „Es mag gefährlich sein, Amerikas Feind zu sein, aber Amerikas Freund zu sein, ist tödlich."[4]

Noch deutlicher als die Europäische Union hat die Ukraine es nach einem Treffen zwischen Präsident Selenskyj und dem „neuen Sheriff" und seinen Cowboys erfahren, bei dem die ganze Welt einen undiplomatischen Tumult beobachten konnte, der vom Weißen Haus arrangiert wurde. Den Kreml muss diese einmalige Show begeistert haben, da er schon seit einiger Zeit davon überzeugt war, dass der Krieg mit der Ukraine zu ihren Gunsten verlaufe, und diese Überzeugung weiter stärkte. Vermutlich war der russische Präsident nicht besonders besorgt, als der US-Präsident dem ukrainischen Präsidenten zurief – genau: rief, nicht: sagte –: „You are playing with the third world war!" („Sie spielen mit dem dritten Weltkrieg!")[5] Dmitri Medwedew, ehemaliger russischer Präsident (von 2008 bis 2012, als Wladimir Putin Premierminister war) und auch langjähriger Premierminister Russlands (2012 bis 2020), äußerte sich unmittelbar nach der Show, die im Oval Office stattfand. Nicht nur undiplomatisch, sondern grob, wie es ihm schon einmal passiert ist, oder sogar geradezu unverschämt, erklärte er: „Zum ersten Mal hat Trump dem Kokain-Clown die Wahrheit ins Gesicht gesagt: Das Kiewer Regime spielt mit dem Dritten Weltkrieg. Und das undankbare Schwein

19 Was wird als Nächstes passieren?

hat von den Besitzern des Schweinestalls einen kräftigen Klaps auf die Hand bekommen. Das ist nützlich. Aber es ist nicht genug – wir müssen die militärische Hilfe für die Nazi-Maschine stoppen."⁶ Der Meinungsaustausch geht weiter …

Es wird keinen großen Krieg geben, aber es wird einen Handelskrieg und einen zweiten Kalten Krieg geben – die gibt es bereits. Trump 2.0 wird leider zu ihrer Eskalation beitragen und alle, die, ob sie wollen oder nicht, in diesen hineingezogen werden, werden verlieren. Im Kampf der Titanen werden, entgegen den Absichten des amerikanischen Präsidenten und seiner Anhänger, die Vereinigten Staaten mehr leiden als China, was ein weiterer Beweis für die Irrationalität der „Revolution des gesunden Menschenverstands" und der darauf basierenden Politik sein wird.

Glücklicherweise gibt es neben den euphorischen Befürwortern und Unterstützern von MAGA, *Make America Great Again!*, noch 7,8 Mrd. Menschen, die außerhalb der USA leben. Weder beginnt noch endet die Welt mit diesem Land, dessen Supermacht nicht verschwinden wird, aber es wird nicht eine Allmacht sein, die in der Lage ist, alle anderen zu unterwerfen – das ist es bereits nicht. Es gibt andere Nationen und Staaten. Darüber hinaus gibt es viele Millionen wirklich vernünftige Amerikaner, die ein wenig mehr sehen als die Spitze ihrer eigenen Nase und die ein wenig besser denken, weil sie klüger und praktischer sind als diejenigen, die das Sagen haben. Und es geschah einfach, dass sie solche Autoritäten und nicht andere gewählt haben … Nicht jeder hat für sie gestimmt und, obwohl diese Wähler im November 2024 in der Minderheit waren, werden sie mit der Zeit zur Mehrheit werden.

Für den Moment, da immerhin 61 % der Amerikaner ihr Vertrauen in die Astrologie setzen, ist es nicht allzu überraschend, wenn viel zu viele von ihnen auch ihr Vertrauen in Demagogen und politische Scharlatane setzen. Ein großer Teil dessen, was Trump predigt, ist so primitiv, dass es leider die intellektuell uninspirierten Wählermassen in spezifischen amerikanischen Umständen anziehen kann. Ein solch hartes Urteil bedeutet nicht, dass Trump mit seiner Persönlichkeit und seinen verkündeten Absichten nicht auch Millionen von rationalen Menschen anzieht, und sei es nur, weil die andere Seite der amerikanischen Politik bislang weder ein ausreichend attraktives alternatives Programm noch eine Figur anbieten konnte, die für die Wähler überzeugend wäre. Ziemlich viele kluge, gebildete, unternehmungslustige Menschen stehen auf der Seite von Trump 2.0, nicht weil sie von seinen unkonventionellen Ideen begeistert waren und sich von seiner originellen Erzählung mitreißen ließen, sondern weil sie einfach genug von der zuvor verfolgten Politik hatten, die in verschiedenen Aspekten ungeschickt war. Daraus muss auch rechtzeitig in anderen Ländern gelernt werden, wenn die Ausbreitung des Trumpismus effektiv unterdrückt werden soll.

Notes

1. Murphy Matt, „Ukraine war: US wants to see a weakened Russia", „BBC News", 25. April 2022 (https://www.bbc.com/news/world-europe-61214176; Zugriff am 1.07.2022).
2. „From Wall Street banker to Vladimir Putin's point man", „The Economist", 21. Februar 2025 (Vom Wall-Street-Banker zum Verbindungsmann von Wladimir Putin; Zugriff am 23.02.2025).
3. Der ukrainische Präsident informierte die Öffentlichkeit am Vorabend des dritten Jahrestages der russischen Aggression, dass der Krieg uns 320 Mrd. USD kostete. Davon wurden 120 Mrd. USD von uns, dem ukrainischen Volk, aus Steuergeldern gedeckt. Die verbleibenden 200 Mrd. USD kamen aus den Vereinigten Staaten und der Europäischen Union.". „Ukraine erhält 67 Mrd. USD Militärhilfe, 31,5 Mrd. USD Haushaltsunterstützung von den USA – Zelenskyy", „Interfax – Ukraine", 19. Februar 2025 (https://en.interfax.com.ua/news/general/1049205.html; Zugriff am 24.02.2025).
4. „A Fatal Friendship?", „The Wall Street Journal", 17. Dezember 2010 (https://www.wsj.com/articles/SB10001424052748704828104576021823816289798; Zugriff am 27.02.2025).
5. „President Trump Tells Zelenskyy He's ‚Gambling with World War III'", „Newsweek", 28. Februar 2025 (https://www.newsweek.com/trump-vance-meeting-volodymyr-zelenskyy-world-war-three-2038020; Zugriff am 1.03.2025).
6. „World reacts after Donald Trump, JD Vance berate Ukraine's Zelenskyy", „Al Jazeera Media Network", 1. März 2025 (Welt reagiert, nachdem Donald Trump, JD Vance, Ukraine's Zelenskyy kritisieren | Donald Trump News | Al Jazeera; Zugriff am 1.03.2025).

20

Krise der Demokratie

Für den Moment gewinnt der Trumpismus aufgrund der tiefgreifenden Veränderungen im Charakter der parteipolitischen Spaltung in den Vereinigten Staaten. In der fernen Vergangenheit, die heute nur noch Historiker behandeln, als Harry Truman von 1945 bis 1953 der 33. Präsident war und Dwight Eisenhower als 34. Präsident von 1953 bis 1961 im Weißen Haus saß, war diese Spaltung verwischt. Jetzt gibt es eine sehr scharfe Polarisierung, die nicht unter Präsident Trump begann, sondern bereits während der Amtszeit seines Vorgängers, Präsident Barack Obama. Während seiner ersten Amtszeit gab Trump dieser Polarisierung eine Dynamik, die Präsident Biden nicht verlangsamen konnte. Derzeit gibt es bereits eine Turbopolarisierung entlang der Parteilinien.

Einige US-Kommentatoren sehen eine Hauptachse der politischen Spaltung in dem Phänomen eines intensivierenden Identitätssinns auf Kosten der Interessen. So betrachtet kann der Trumpismus weniger als die Auswüchse eines unkonventionellen Führers gesehen werden, sondern mehr als die Folgen der tiefgreifenden politischen und kulturellen Veränderungen, die in den Vereinigten Staaten stattfinden. „Das amerikanische politische System – das alle umfasst, von den Wählern über die Journalisten bis zum Präsidenten – ist voll von rationalen Akteuren, die rationale Entscheidungen aufgrund der Anreize treffen, denen sie gegenüberstehen (…) Wir sind eine Sammlung von funktionalen Teilen, deren Bemühungen sich zu einem dysfunktionalen Ganzen zusammenfügen."[1] Diese Art von Transformation findet nicht nur in den USA statt, da Anzeichen von etwas Ähnlichem wie Trumpismus in einigen anderen Ländern zu sehen sind, nur dass sie keine Mächte sind, sodass sie andere nicht mit wirtschaftlich verheerenden Zöllen erpressen oder mit anderen Launen Schaden auf einer größeren internationalen Ebene anrichten können.

Es ist bedauerlich, denn Trumpismus ist auch eine große Krise der Demokratie. Was kann es sonst sein, wenn nicht ein großer Fehler, wenn ein Größenwahnsinniger und Narzisst, ein Lügner und Steuerhinterzieher, ein Frauenfeind und Rassist, ein Neoliberaler und Populist zum höchsten Staatsamt erhoben wird? All diese Eigenschaften werden ihm nicht nur von Oppositionspolitikern, sondern auch von seriösen Medien und bedeutenden Intellektuellen gnadenlos vorgeworfen. Was ist es, wenn nicht ein Versagen der freien Wahlen, einen Mann zu wählen, der mithilfe seiner Anhänger Stimmen kaufte und das Wahlvolk mit offensichtlichen Täuschungen und leeren Versprechungen für sich gewann, um Präsident des großen Landes zu werden? Was ist es, wenn nicht ein Versagen der Regeln des Volkes, einen Kriminellen, der rechtskräftig wegen seiner Vergehen verurteilt wurde, zum Staatsoberhaupt eines großen Staates zu ernennen?

In einigen Ländern, in denen die Demokratie funktioniert, scheint es in letzter Zeit so, als würde dieses System mehr Probleme schaffen, als es löst. In vielen Fällen fördert es einen neuen Nationalismus, der sich durch seine Antiglobalisierungsabweichung auszeichnet, und verstärkt den Populismus, der wiederum eine langfristig nachhaltige sozioökonomische Entwicklung behindert. Die glorreichen Ausnahmen, wie die Schweiz, werden immer weniger. In Ländern, in denen die Autokratie gut funktioniert, hält sie sich angesichts der Reibungen, die die Demokratie kennzeichnen, noch besser. Wenn der Autoritarismus nicht von einer Meritokratie begleitet wird, könnten die dort lebenden Menschen noch schlechtere Lebensaussichten haben als zuvor. Die glorreichen Ausnahmen, wie Singapur, werden ebenfalls immer weniger.

Es ist nicht einfach, die Regime und die darin praktizierten Politiken explizit zu bewerten, aber einige professionelle Analyse- und Forschungszentren versuchen es. Das seit 2006 jährlich vorgestellte vergleichende Ranking der Economist Intelligence Unit (EIU) stellt eine zuverlässige Analyse dar. Der Demokratieindex, der auf einer Skala von 0 bis 10 geschätzt wird, basiert auf fünf Kategorien: Wahlprozess und Pluralismus, Funktionieren der Regierung, politische Teilhabe, politische Kultur und Bürgerrechte. Auf der Grundlage der Überprüfung von sechzig spezifischen Indikatoren, die in diesen Rahmen einbezogen sind, werden die Länder in eine von vier Kategorien eingeteilt: vollständige Demokratie, fehlerhafte Demokratie, hybrides Regime und autoritäres Regime. Nach diesen Bewertungen genossen 2023 nur 7,8 % der Weltbevölkerung, die in 24 Ländern lebten, eine vollständige Demokratie (mit einem Index von 8,00 aufwärts), während ihre fehlerhafte Form (mit einem Index zwischen 6,00 und 7,99) von 37,6 % der Menschheit, die in 50 Ländern lebten, erlebt wurde. Hybride Regime (mit einem Index zwischen 4,00 und 5,99) machten 15,2 % der Weltbevölkerung in 34 Ländern aus, während autoritäre Regime (mit einem Index unter 4,00) sogar 39,4 % in 59 Ländern ausmachten (die EIU klassifiziert 167 Länder, ohne die am wenigsten bevölkerten zu berücksichtigen).[2] Norwegen und Neuseeland führen mit den Indizes von 9,81 und 9,61 an, während Myanmar und Afghanistan mit den Indizes von 0,85 und 0,26 ganz am Ende stehen.

Der globale Demokratieindex fiel von 5,56 im Jahr 2015 (dem Maximum für die analysierten achtzehn Jahre) auf 5,23 im Jahr 2023. Lassen wir uns nicht täuschen, dass der Abwärtstrend gestoppt wurde. Auf keinen Fall. Der Zustand der Demokratie hat sich sicherlich im Jahr 2024 verschlechtert, und diese negative Tendenz setzt sich fort. Jetzt wird dieser Trend durch den Trumpismus noch verstärkt, was zu einer Verschlechterung vieler Teilindikatoren führen wird, die in den Bewertungen berücksichtigt werden. Die Vereinigten Staaten, mit einem unspektakulären Index von 7,85, der sie nur auf Platz 29 der Welt unter den anderen fehlerhaften Demokratien einordnet, werden weiter abrutschen. Versuche, *Make Amerika Great Again!* zu machen, werden den Gesamtindex der USA nach unten ziehen. Wie tief, bleibt abzuwarten, aber vielleicht sogar unterhalb der Sichtlinie demokratischer Standards, die, nehmen wir mal an, auf einem Niveau unter 6,00 angesetzt ist, das Paraguay im

Jahr 2023 erreichte und das Bangladesch mit einem Index von 5,87 nicht mehr erreichen konnte. Der Prozess des US-Abtauchens setzt sich fort. Mögen sie so wenige andere Länder und Gesellschaften wie möglich mit sich herabziehen.

Tatsächlich beginnt und endet die Welt nicht mit den Vereinigten Staaten von Amerika. Auch andere sind wichtig. Einige Länder mehr, einige weniger, aber niemand sollte ignoriert werden, und sicherlich nicht diejenigen, deren Stimme in der Geopolitik angesichts ihrer Bevölkerung, ihres wirtschaftlichen, rohstofflichen oder militärischen Potenzials ziemlich viel bedeutet. Auch ihr kulturelles Potenzial sollte im Auge behalten werden. Daher werden die internationalen politischen und wirtschaftlichen Allianzen neu geordnet, die relativen Positionen der Staaten ändern sich. Während einige stärker werden, werden andere schwächer. Diese Neuordnung verursacht verschiedene Spannungen, wobei bestimmte Konflikte abklingen und andere sich verschärfen.

Es lohnt sich daher zu verstehen, was passiert und warum. Insbesondere, weil politische und wirtschaftliche Institutionen und Mechanismen, die noch bis vor Kurzem als bewährt galten, versagen, und Länder, in denen gute Praxis scheinbar gut etabliert war, in ernsten Schwierigkeiten stecken. Dies ist zum Beispiel in Japan, Deutschland und Frankreich der Fall, wo Krisenphänomene deutlich erkennbar sind. Das Gleiche gilt für wirtschaftlich weniger entwickelte Länder, zum Beispiel Peru, Nigeria oder Pakistan. Die liberale Demokratie wackelt, das traditionelle Modell des Kapitalismus versagt und einige Mechanismen zur Regulierung der internationalen Beziehungen erweisen sich als dysfunktional. Es gibt also viel zu überdenken. Es ist nie zu spät für kritisches und kreatives Denken.

Zeiten, in denen die Vernunft verliert, sind schrecklich. Ein Nebeneffekt der aktuellen Kriege – der heißen und des kalten – ist, dass die Entscheidungsfindung über die Wirtschaft zunehmend von der Politik beeinflusst wird, die nicht immer rational ist, und zu wenig von der Ökonomie. Ich lehre meine Studenten weiterhin, dass Wirtschaft die Kenntnis von rationaler wirtschaftlicher Tätigkeit ist, obwohl es in letzter Zeit an dieser Rationalität mangelt.

Die nächste Generation mag uns bewundern, aber sie mag uns auch verfluchen. Es wird davon abhängen, wie wir in unseren verbleibenden

Jahren vorgehen. 1999 sang das hervorragende Folk-Rock-Duo der Gitarristen und Sänger Zager & Evans wunderschön das Lied „In The Year 2525"[3]:

In the year 2525
If man is still alive
If woman can survive
They may thrive

Ein Vierteljahrhundert ist vergangen, es ist 2025 und wir sind nur noch fünfhundert Jahre von dieser fernen Zukunft entfernt. In dieser Zeit kann unvorstellbarer Fortschritt erzielt werden, aber es kann auch irreparabler Schaden angerichtet werden. Eine lange Zeit besteht immer aus kurzen Abschnitten davon. Daher hängt viel davon ab, was wir jetzt tun und wie wir es jetzt tun, damit die Menschen, die in dieser fernen Zukunft leben werden, weiterhin Fortschritte machen können. Es ist bedauerlich, dass die Bilanz dieser Handlungen nicht immer günstig ist. Vor allem, weil dies nicht auf einen Mangel an Wissen zurückzuführen ist, sondern weil diejenigen, die in unserem Namen entscheiden, dies nicht immer zu unserem Vorteil tun.

Notes

1. Ezra Klein, „Why We're Polarized", Simon & Schuster, New York, 2020.
2. „Democracy Index 2023", The Economist Intelligence Unit, London, 2024 (https://www.eiu.com/n/campaigns/democracy-index-2023/; Zugriff am 16.02.2025).
3. Denny Zager & Rick Evans, „In The Year 2525" (https://www.youtube.com/watch?v=F-aRw18a3sA & https://www.tekstowo.pl/piosenka,zager_and_evans,in_the_year_2525.html; Zugriff am 15.02.2025).

Literatur

Applebaum A (2021) Donald Tusk. Wybór (Donald Tusk. The choice). Wydawnictwo Agora, Warschau, S 261

Bartkiewicz A (2025) Dlaczego Rafał Trzaskowski chce być dziś jak Donald Trump (Why Rafał Trzaskowski wants to be like Donald Trump today). Rzeczpospolita, 11. Februar. https://www.rp.pl/publicystyka/art41791971-artur-bartkiewicz-dlaczego-rafal-trzaskowski-chce-byc-dzis-jak-donald-trump. Zugegriffen am 15.02.2025

Bowen J (2025) Trump's Gaza plan won't happen, but it will have consequences. BBC News, 05. Februar. https://www.bbc.com/news/articles/cx2pwjgp59do. Zugegriffen am 17.02.2025

Crichton M (1992) Rising Sun. Knopf, New York

Debusmann Jr B, Walker A (2025) Dozens of countries back International Criminal Court after Trump sanctions. BBC News, 02. Februar. https://www.bbc.com/news/articles/cx2p19l24g2o. Zugegriffen am 15.02.2025

Dutkiewicz R (2024) Dwóch liderów, dwie narracje, jeden kraj, Wszystko co najważniejsze (Zwei Anführer, zwei Erzählungen, ein Land, Alles, was zählt). Wszystko Co Najważniejsze, 20. August. https://wszystkoconajwazniejsze.pl/rafal-dutkiewicz-po-pis/. Zugegriffen am 25.02.2025

Friedman M (1970) The social responsibility of business is to increase its profits. The New York Times Magazine, 13. September. https://www.nytimes.com/1970/09/13/archives/a-friedman-doctrine-the-social-responsibility-of-business-is-to.html. Zugegriffen am 17.02.2025

Gaida J, Wong-Leung J, Robin S, Cave D (2024) Critical technology racker: the global race for future power. Australian Strategic Policy Institute (ASPI), Sydney. https://www.aspi.org.au/report/critical-technology-tracker. Zugegriffen am 17.02.2025

Galbraith JK (1958) The affluent society. Houghton Mifflin, Boston

Galbraith JK (2019a) Klucz do stworzenia egalitarnego społeczeństwa (Der Schlüssel zur Schaffung einer egalitären Gesellschaft). Rzeczpospolita Plus Minus, S 14–16, 23.–24. November.

Galbraith JK (2019b) Old and New Pragmatism: Challenges and Opportunities for Economics, eine Vorlesung gehalten zur Eröffnung des akademischen Jahres an der Fakultät für Wirtschaftswissenschaften der Universität Gdansk, 30. September. https://www.youtube.com/watch?v=YwMbra5XWIk. Zugegriffen am 17.02.2025

Galbraith JK (2019c) The pragmatism of John Kenneth Galbraith. Acta Oecon 69(1):195–213

Kissinger HA (2022) How the Ukraine crisis ends. The Washington Post, 05. März. https://www.washingtonpost.com/opinions/henry-kissinger-to-settle-the-ukraine-crisis-start-at-the-end/2014/03/05/46dad868-a496-11e3-8466-d34c451760b9_story.html. Zugegriffen am 14.02.2025

Klein E (2020) Why we're polarized. Simon & Schuster, New York

Kołodko GW (2000) From shock to therapy. The political economy of postsocialist transformation. Oxford University Press, Oxford/New York

Kołodko GW (2014) Jedna Ukraina czy dwie (Eine Ukraine oder zwei). Rzeczpospolita, 28. Januar. https://www.tiger.edu.pl/kolodko/artykuly/RZECZPOSPOLITA_Jedna Ukraina czy dwie_28_01_2014.pdf. Zugegriffen am 18.02.2025

Kołodko GW (2020) China and the future of globalization: the political economy of China's rise. Bloomsbury I. B. Tauris, London/New York

Kołodko GW (2021) Economics of new pragmatism in contemporary society: identity, aims, method. Pol Sociol Rev 4(216). https://tiger.edu.pl/Kolodko_PSR_2021-4.pdf. Zugegriffen am 31.03.2025

Kołodko GW (2022a) Chinism and new pragmatism: how China's development success and innovative economic thinking contribute to the global development. Prunus Press, New Jersey, USA

Kołodko GW (2022b) Political economy of new pragmatism: implications of irreversible globalization. Springer, Cham

Kołodko GW (2022c) The statesman and the great transformation. In: Gorbachev MS (Hrsg) Perestroika and new thinking: a retrospective. The Gorbachev Foundation, Moskau, S 156–165. https://www.gorby.ru/userfiles/file/kolodko_otklik_en.pdf. Zugegriffen am 13.07.2025

Kołodko GW (2022d) Ukraine recovery needs a debt write-off and help from the EU and China. Financial Times, 08. April. https://tiger.edu.pl/Ukraine_recovery_needs_a_debt_write-off.pdf. Zugegriffen am 20.02.2025

Kołodko GW (2024) Response to US moves should be calm. China Daily, 28. November. Global Edition. https://www.tiger.edu.pl/Response_to_US.pdf. Zugegriffen am 15.02.2025

Kołodko GW, Nuti DM (1997) The polish alternative. Old myths, hard facts and new strategies in the successful transformation of the polish economy. WIDER, Helsinki

Kozminski AK (2024) Rewolucja zwinnych. Zapiski z przyszłości, Die Agile Revolution: Notizen aus der Zukunft. Akademia Leona Koźmińskiego, Warschau, S 101

Lin JY (2012) New structural economics: a framework for rethinking development and policy. Die Weltbank, Washington

Machiavelli N (o.J.) The prince. The project Gutenberg eBook of the prince. https://www.gutenberg.org/cache/epub/57037/pg57037-images.html. Zugegriffen am 31.03.2025

Matt M (2022) Ukraine war: US wants to see a weakened Russia. BBC News, 25. April. https://www.bbc.com/news/world-europe-61214176. Zugegriffen am 01.07.2022

Mearsheimer J (2022) Why the West is principally responsible for the Ukrainian crisis. The Economist, 19. März. https://www.economist.com/by-invitation/2022/03/11/john-mearsheimer-on-why-the-west-is-principally-responsible-for-the-ukrainian-crisis. Zugegriffen am 14.02.2025

Milanovic B (2019) Capitalism, alone: the future of the system that rules the world. Belknap Press, Cambridge/London

Paine T (1776) Common sense addressed to the inhabitants of America on the following interesting subjects. I. Of the origin and design of government in general, with concise remarks on the English constitution. II. Of monarchy and hereditary succession. III. Thoughts on the present state of American affairs. IV. Of the present ability of America, with some miscellaneous reflections. R. Bell, Philadelphia. https://archive.org/details/commonsenseaddre00pain_6. Zugegriffen am 01.02.2025

Phelps ES (2013) Mass flourishing: how grassroots innovation created jobs, challenge, and change. Princeton University Press, New York

Sachs JD (2024) Why won't the US help negotiate a peaceful end to the war in Ukraine?. Common Dreams, 19. Juni. https://www.commondreams.org/opinion/role-of-us-in-russia-ukraine-war. Zugegriffen am 14.02.2025

Stiglitz JE (2019) Can we trust CEOs' shock conversion to corporate benevolence?. The Guardian, 29. August. https://www.theguardian.com/business/2019/aug/29/can-we-trust-ceos-shock-conversion-to-corporate-benevolence. Zugegriffen am 17.02.2025

Stiglitz JE (2024) The road to freedom: economics and the good society. W. W. Norton & Company, New York

Tirole J (2017) Economics of the common good. Princeton University Press, Princeton

Zager D, Evans R (1968) In the year 2525. https://www.youtube.com/watch?v=F-aRw18a3sA & https://www.tekstowo.pl/piosenka,zager_and_evans,in_the_year_2525.html. Zugegriffen am 15.02.2025

Zelizer VA (2011) Economic lives: how culture shapes the economy. Princeton University Press, Princeton/Oxford

9783032029423